HET MODEMUSEUM I THE FASHION MUSEUM
|BACKSTAGE|

LUDION

4

Voorwoord

Foreword

ANTWERPEN GENIET VANDAAG MEER DAN GEWONE FAAM inzake mode, niet in het minst dankzij onze ontwerpers en de internationale uitstraling van de Antwerpse mode-academie.

De provincie Antwerpen besloot nu al meer dan dertig jaar geleden van mode een aandachtspunt te maken. De voorgeschiedenis van het ModeMuseum Provincie Antwerpen gaat immers terug tot de textielcollectie van het Sterckshof in Deurne. In 1967 leidde een kanttentoonstelling tot de oprichting van een eigen kostuum- en textielafdeling. De groeiende collectie kreeg uiteindelijk in 1977 een onderkomen in het Vrieselhof in Oelegem.

Vandaag krijgt het museum naast een nieuwe locatie in hartje Antwerpen ook een nieuwe dynamiek. Naast de historische collectie van het Textielmuseum komt een hedendaagse afdeling waarin het fenomeen mode als cultureel en maatschappelijk, maar ook als economisch gegeven aan bod zal komen.

Het nieuwe ModeMuseum zal namelijk ook een toeristische trekpleister worden, die invloed zal hebben op de lokale werkgelegenheid en economie. Het ModeMuseum wil een bruisend forum voor de mode worden, waar zowel de toevallige voorbijganger, de geïnteresseerde toerist als de modekenner hun gading zullen vinden. De centrale ligging van de ModeNatie is hierbij van primordiaal belang.

De provincie wilde dit project aanvankelijk alleen realiseren, maar Linda Loppa en vele anderen met haar ijverden voor de bundeling van alle Antwerpse krachten rond mode. Samen met de stad werd een prachtig gebouw aan de Nationalestraat gevonden waar de Antwerpse mode-actoren samen - de school, het museum en het Flanders Fashion Institute - een onderkomen kregen. Vandaag is voor ons duidelijk: al wie in onze regio van ver of dichtbij met mode te maken heeft, moet betrokken worden bij dit project. Want dit project is niet alleen enig in België, meer nog, het is uniek in de wereld.

TODAY ANTWERP ENJOYS A SUPERIOR REPUTATION FOR fashion, thanks not least to our designers and the international influence of the Fashion Academy of Antwerp.

Over thirty years ago, the province of Antwerp decided to lay particular emphasis on the encouragement of fashion. The history of the Fashion Museum Province of Antwerp (MoMu) in fact goes back to the textile collection of the Sterckshof in Deurne. In 1967 a lace exhibition led to the formation of a separate department of costume and textiles. A home was finally found for this growing collection in 1977, in the Vrieselhof in Oelegem.

Today the museum has not only a new location in the centre of Antwerp but also a new dynamic. Besides the historical collection from the Textile Museum, there is a modern section in which the cultural, social and economic phenomenon of fashion is on display.

The new MoMu will also be a tourist attraction, with advantages for employment and the economy. The Museum aims to be a lively fashion forum in which the casual visitor, the interested tourist and the fashion expert alike will all take pleasure. The location of the ModeNatie in the city centre is of prime importance here.

Initially the province wished to realize the project on its own, but Linda Loppa, backed by many others, argued in favour of uniting all the forces in Antwerp with an interest in fashion. With the aid of the city, a handsome building on Nationalestraat was found, a place where all the Antwerp institutions concerned with fashion - the Academy, the Museum and the Flanders Fashion Institute - could be accommodated. Today it is clear that anyone in our region, from far or near, who is concerned with fashion must be involved in this project, which is unique not only in Belgium but worldwide.

Frank Geudens
Bestendig Afgevaardigde van Financiën, Economie en Culturele Instellingen

Frank Geudens
Deputy for Finance, Economy and Cultural Institutions

Inleiding

Introduction

NAAR AANLEIDING VAN DEZE EERSTE MOMU-CATALOGUS IS het tijd om even stil te staan bij de vraag waarom enthousiaste vrienden en collega's vaak belangeloos zoveel inspanningen leverden die bijdroegen tot de verwezenlijking van de ModeNatie, het Flanders Fashion Institute en het MoMu. Hoe te verklaren waarom overheid, bedrijven en vrienden ervoor vatbaar bleken om nog een stap verder te zetten dan de internationale erkenning die onze mode-ontwerpers al te beurt viel? Was er al niet genoeg werk of waren de blijken van erkenning te mager? Wat zou Antwerpen zijn zonder ModeNatie en wat is de meerwaarde van het MoMu hierin?

Ten eerste verdient een stad zoals Antwerpen te worden geëerd. Een stad die zoveel geeft, mag iets terugkrijgen. Een stad met een rijke geschiedenis, met een Bourgondisch verleden, een receptieve stad waar kunst en cultuur konden bloeien, mag nu niet ten onder gaan aan fanatisme, onverdraagzaamheid en kleinzieligheid. Kunst, cultuur en mode gaan hand in hand, waarom zou er dan geen modehuis kunnen bestaan waar iedereen welkom is, vragen kan stellen, onderzoek kan doen, collecties kan maken, om zo samen aan de toekomst te bouwen?

Het MoMu zal een eigen koers varen en toch zal deze niet los te koppelen zijn van de modebeweging die in Antwerpen leeft. Ergens ligt in de collectie van het MoMu het antwoord vervat van het succes van de Antwerpse mode. Een collectie heeft een gezicht, vertelt een verhaal - het verhaal van de bewoners en de geschiedenis van een stad, een land of een streek. Drie jaar geleden vond ik een antwoord op mijn fascinatie voor mode en kleding in een museumbeleid, in het bewaren van een erfgoed. Dozen kleren op mijn zolder vormden vroeger al mijn persoonlijke museum. Wonend in een loft - een lege ruimte van 1500 vierkante meter beton - zonder herinneringen aan mijn familieleven of zonder heimwee naar het verleden, maar steeds uitkijkend naar wat de toekomst zou brengen, kon ik het blijkbaar niet laten om kleren te bewaren. Uitnodigingen, affiches, collectiestukken van studenten en krantenartikelen bewaarde ik per jaar in kartonnen dozen. Niet op de juiste manier, want het ongedierte bleek niet vatbaar voor mijn respect voor de makers van deze stukken. Bracht die ervaring mij ertoe

WITH THE PUBLICATION OF THIS FIRST MOMU CATALOGUE it is time to ask why enthusiastic friends and colleagues have put so much work, often for love, into contributing to the realization of ModeNatie, the Flanders Fashion Institute and MoMu. How do we explain the readiness of the government, business firms and friends to go a step further than the international recognition already earned by our fashion designers? Hadn't enough work been done already, or were the marks of recognition too few? What would Antwerp be without ModeNatie, and what extra value does MoMu add?

First, a city like Antwerp deserves a tribute. A municipality that gives so much may expect something in return. Antwerp is a city with a rich history, a Burgundian past, a receptive atmosphere in which art and culture flourish. It is a place where fanaticism, intolerance and small-mindedness cannot be tolerated. Art, culture and fashion go hand in hand here, so why should there not be a fashion museum where everyone is welcome, can ask questions, do research, compile collections and thus join in building for the future?

MoMu will go its own way, yet it cannot be dissociated from the fashion movement in Antwerp itself. Somewhere in the MoMu collection lies the explanation for the success of Antwerp fashion. Every museum collection has its own character and tells its own story - the history of a city, a country or a region and its inhabitants. Three years ago I found the answer to the fascination exerted on me by fashion and clothes in the idea of a museum scheme setting out to preserve an inheritance. Dozens of garments in my loft apartment used to make up my own personal museum. Living as I did in that loft - an empty space amounting to one thousand five hundred square metres of concrete - without mementoes of my family life yet not feeling nostalgic, but always looking to the future, I obviously couldn't stop keeping clothes. Every year I also kept cartons full of invitations, posters, newspaper articles and students' collection pieces - not as they should have been kept, since insect vermin did not share my respect for the makers of those pieces. Was that what led me to persuade the Provincial Government of the importance of a fashion museum in Antwerp? It probably was, but I think the real reason was the encouragement I

het provinciebestuur te overtuigen van het belang van een modemuseum in Antwerpen? Misschien wel, maar de echte reden lijkt mij al die emoties die ik met enkele medewerkers kon ervaren, te vertalen naar een publiek. Antwerpenaren, toeristen, bedrijven en verenigingen die de academie of de ateliers van de modeontwerpers willen bezoeken of een modeshow willen bijwonen, of studenten die een thesis of een werkstuk voor school moeten schrijven over mode. Was het daarom dat ik de zware taak op mij nam om een museum te hervormen, een deputatie en een ploeg medewerkers te overtuigen van het toekomstige succes van het modemuseum? Of was het de wens iets te kunnen toevoegen aan de wijze waarop kleding en textiel tentoongesteld kunnen worden en aldus te kunnen bijdragen tot het huidige landschap van modemusea in de wereld?

Het museum biedt mij alvast de afstand die ik nodig had om ons eigen verhaal te schrijven. Neen, geen autobiografie, maar mijn bijdrage tot onze cultuur, met in het achterhoofd: bewaren en onderzoeken. Dit alles in dienst van onderwijs en economie, in dienst van de stad én de provincie Antwerpen, in dienst van het Vlaamse Gewest, of gewoon in dienst van het heden en dus ook van de toekomst. Op een professionele wijze met een ploeg enthousiaste medewerkers iets bijdragen tot het bewaren van onze cultuur. Deze cultuur doorgeven, samen met specialisten, allen bezield door het overleveren van kennis. De kennis om een kledingstuk te maken, om het te bewaren, om het tentoon te stellen. Waardoor u, de bezoeker, een belevenis, een verhaal deelachtig wordt. Dat alles is een geschenk waar ik nooit van durfde te dromen.

De vier jaar voorbereiding hebben mij ervan overtuigd dat dit museum een mijlpaal zal betekenen voor de cultuur en de mode in de stad Antwerpen. Hopelijk zal het MoMu enkele clichés kunnen wegwerken, ogen openen, vragen beantwoorden, of juist meer vragen opwerpen, maar in geen enkel geval zal het MoMu u onverschillig laten. Gelukkig maar.

received from several colleagues to pass our feelings on to the public - to the people of Antwerp, tourists, business firms and associations wishing to visit the Academy or the studios of fashion designers, or attend a fashion show, and students planning to write a college thesis or dissertation on fashion. Was that why I undertook the difficult task of setting up a museum of fashion and persuading a deputation and a team of colleagues that it would succeed? Or did I just want to add something to the way in which clothing and textiles can be exhibited, contributing to the modern fashion museum scene worldwide?

The Museum gave me the distance I needed in order to write our own story. Not an autobiography, but my contribution to our culture, with the idea of conservation and research at the back of my mind. It has all been done in the service of education and the economy, the city and province of Antwerp, the Flemish region, and of course in the service of the present and thus of the future too. Working with a team of enthusiastic colleagues, I wanted to make a professional contribution to the preservation of our culture. I wanted to pass on that culture with the help of specialists, all of us inspired by the idea of handing down knowledge: the knowledge of how to make an item of clothing, how to conserve it and how to exhibit it so that an experience, a story will be imparted to you, the visitor. All this is a gift I had never dared to dream of.

The four years of preparation have convinced me that this museum will be a landmark of culture and fashion in the city of Antwerp. I hope that MoMu will eschew clichés, open eyes, answer questions or indeed raise other questions, but never leave you indifferent. So much the better!

Linda Loppa
Intendant MoMu

Linda Loppa
Chief curator MoMu

A.F. VANDEVORST
Zomer I Summer 2002

Het ModeMuseum Backstage

The Fashion Museum Backstage

EEN MUSEALE WERKING IMPLICEERT TWEE ASPECTEN; enerzijds het uitbouwen, conserveren en bestuderen van een collectie, anderzijds het tentoonstellen en het vertalen van een collectie naar een publiek en dit binnen de architecturale context van een museum. Mode tentoonstellen lijkt op het eerste gezicht paradoxaal. Mode als medium bestaat immers maar bij gratie van de almaar weerkerende zelfvernietiging ervan, een telkens opnieuw ter discussie stellen van de eigen geschiedenis. Deze permanente vernieuwingsdrang en het zoeken naar altijd nieuwe verschijningen vragen om een voortdurende consumptie - zowel een economische als een historische. Waarom, en vooral hoe te 'bewaren' wat voortdurend in beweging is en wat vraagt om geconsumeerd te worden?

We zien het als onze uitdaging om de collectie van het MoMu te vertalen als een 'levende' collectie, een *work in progress*, waarbij de geschiedenis van de mode niet als een lineair continuüm opgevat wordt, maar eerder als een circulair proces, en dit zonder zich daarbij onvoorwaardelijk over te geven aan de niet-aflatende consumptiedrang van de mode. Een museum kan de mode nooit bijbenen, is in zekere zin altijd een stap achter. Wat een modemuseum wel kan aanbieden, is een context voor mode, een plaats voor reflectie en analyse, het scheppen van een afstand. Dit houdt in dat we niet enkel willen stilstaan bij het uiteindelijke product - het kledingstuk - maar evenzeer bij het artistieke proces. Een patroon, een schets, de materiaalkeuze, de techniek... hebben niet alleen een eigen artistieke waarde, maar dragen ook bij tot inzicht in het 'geheugen' van dat kledingstuk en hoe dat laatste werkzaam is binnen het systeem mode.

Het MoMu kent zich in dit opzicht een belangrijke laboratoriumfunctie toe: de vrijheid om te experimenteren vanuit verschillende interdisciplinaire invalshoeken, de tijd nemen om aan onderzoek te doen en het publiek ook de tijd geven om wat langer stil te staan bij de verschillende aspecten van het fenomeen mode. Om een zo genuanceerd mogelijke analyse te maken, wensen we samen te werken met andere disciplines. Hoe gaan zij om met fenomenen als beeldvorming en -productie, commercie en kunst, representatie, lichaam en lichaamsbeelden, nieuwe media?

THERE ARE TWO ASPECTS OF MUSEUM WORK: ON ONE hand the expansion, conservation and study of a collection, on the other exhibiting and presenting it to the public within the architectural context of the museum. To exhibit fashion at all may at first glance seem paradoxical. The medium of fashion exists only by virtue of its recurrent self-destruction, an ever-renewed questioning of its own history. This permanent urge towards renewal and the constant search for new phenomena pose problems, both economic and historical, relating to continuous consumption. Why and above all how can one 'preserve' something that is in constant movement, asking to be consumed?

We regard it as a challenge to interpret the MoMu collection as a 'living' collection, a work in progress, conceiving of the history of fashion not as a linear continuum but instead as a circular process, but in this task we do not yield unreservedly to fashion's never-abating urge towards consumption. A museum can never keep up with fashion; it is bound to be a step behind the times. What a museum of fashion can offer, however, is a context in which to place fashion, a place for reflection and analysis where we can distance ourselves from our subject, which means not merely lingering on the final product - the piece of clothing - but paying as much attention to the artistic process. A pattern, a sketch, the choice of fabric, the couturier's technique - these do not simply have artistic value in themselves but also contribute to our insight into the 'memory' of the garment and how it works within the fashion system.

MoMu sees its job of scientific discovery as important in this regard: the freedom to experiment from different interdisciplinary angles, taking time over our research, and also giving the public time to spend a little longer studying all aspects of the fashion phenomenon. To make as subtle an analysis as possible we want to work with other disciplines. How do they deal with such phenomena as image formation and production, commerce and art, representation, the body and body images, new media?

Concreet beschikt het museum over drie tentoonstellingsruimten, die elk een andere inhoud en sfeer overbrengen, alsook een eigen tentoonstellingsritme meekrijgen. De kleinere projecten wisselen sneller om zo efficiënter op de actualiteit te kunnen inspelen, terwijl de grote thematentoonstellingen over een periode van minimum vijf maanden lopen.

Op het parterre beschikt het MoMu over een **galerie**, waar we jaarlijks een viertal kleinere projecten voorstellen. Hiervoor wensen we samen te werken met mensen uit zeer uiteenlopende disciplines, gaande van mode tot fotografie, film, video, architectuur en vormgeving. Deze projecten kunnen zeer concreet toegespitst zijn op kleding en textiel, maar we willen ook de kunstenaars, ontwerpers en vormgevers die we uitnodigen vrij laten om mode vanuit een onverwachte invalshoek te bekijken. Een eerste galerieproject gaat van start onder het curatorschap van de Britse ontwerper Hussein Chalayan. Via videoprojecties krijgt de toeschouwer een impressie van hoe de notie *morphing* werkzaam is in Chalayans collectie *Ambimorphous* (Herfst-Winter 2002-2003).

Een tweede ruimte is de **centrale tentoonstellingszaal** op de eerste verdieping, waar we elk jaar twee grote thematentoonstellingen presenteren. Er zal niet met een vast displaysysteem gewerkt worden, wat ons de vrijheid geeft om wisselende en dynamischer opstellingen uit te denken. Indien mogelijk zullen de stukken niet achter glas opgesteld worden, in de hoop om op deze manier de fysieke aanwezigheid van de stukken te vergroten en de psychologische afstand met de bezoeker te verkleinen. Dit betekent ook dat we voor elke tentoonstelling met een vormgever in zee zullen gaan die de scenografie en het tentoonstellingsparcours visueel zal uitwerken. De scenografie voor de openingstentoonstelling is van de hand van Bob Verhelst, die reeds in 1999 samen met Linda Loppa de locatietentoonstelling *Geometrie* verwezenlijkte.

In practical terms the Museum has three exhibition spaces available, each with different contents and atmosphere, thus giving the exhibitions a rhythm of their own. The smaller projects change more quickly, so that they can adapt more effectively to topical subjects, while larger, themed exhibitions run for a minimum period of five months.

On the ground floor, MoMu has a **gallery** where we present four smaller projects a year. For these displays we like to work with people from very divergent disciplines, ranging from fashion to photography, film, video, architecture and design. These projects can concentrate on clothing and textiles in a very concrete way, but we also want to give the artists and designers whom we invite to join us the freedom to look at fashion from an unexpected angle. A first gallery project starts under the curatorship of the British designer Hussein Chalayan. Video projections give the visitor an impression of how the idea of 'morphing' affects Chalayan's collection *Ambimorphous* (Autumn-Winter 2002-2003).

Another area is the **central exhibition hall** on the first floor, where we present two large, themed exhibitions every year. We do not aim to work with a set display system, and this approach allows us the freedom to devise changing and more dynamic displays. So far as possible the exhibits are not displayed under glass, since we hope that the absence of a glass barrier will add to the physical presence of the pieces and diminish their psychological distance from the visitor. This also means that for each exhibition we shall commission a designer to work on the scenography and the visual effect. The scenography for the opening exhibition is by Bob Verhelst, who presented the *Geometrie* exhibition with Linda Loppa in 1999.

Aansluitend op de centrale tentoonstellingsruimte bevindt zich de **white box**, een ruimte van circa 150 vierkante meter die gereserveerd wordt voor de presentatie van de collectie. Deze opstelling zal niet permanent zijn, aangezien een kleding- en textielcollectie onderworpen is aan zeer specifieke museale voorschriften. Voor een ideale conservatie schrijven de ICOM-normen een opstelling van drie maanden voor, waarna een periode van drie jaar rust volgt. Daarom werd besloten om wisselende opstellingen te presenteren, die thematisch ingevuld worden en sporadisch ook een platform voor privé-collecties kunnen vormen.

De openingstentoonstelling draagt de titel **SELECTIE 1: BACKSTAGE | ACHTER DE SCHERMEN | LES COULISSES** en focust op een eerste selectie uit de collectie. Het is de bedoeling dat er in de toekomst een verdere reeks selecties volgt - al dan niet gelieerd aan een specifiek thema. De eerste selectie is een mogelijke selectie en zal als het ware een staalkaart van de volledige collectie zijn.

Conceptueel werd er vertrokken van het gegeven **depot**, de schatkamer van elk museum. In het depot wordt de collectie in de meest optimale klimatologische omstandigheden opgeborgen, ver weg van schadelijke invloeden als licht, stof en vocht. Terwijl de collectie in het voormalige Kostuum- en Textielmuseum Vrieselhof grotendeels werd opgeborgen in zuurvrije kartonnen dozen, beschikt het MoMu over 600 vierkante meter depotruimte met een modern kastensysteem en twee restauratieateliers. De depotruimten strekken zich uit over de verschillende verdiepingen en tussenverdiepingen en vormen zo als het ware de ruggengraat van het pand ModeNatie. Maar ook symbolisch neemt het depot een bijzondere plaats in. De collectiestukken worden er zonder onderscheid naast elkaar opgeborgen. Ze worden als het ware even van hun voetstuk gehaald, weg van de aandacht die hun in de tentoonstellingen te beurt valt. Het is een plek waar objectieve reflectie even mogelijk lijkt, waar de stukken in alle rust en eenvoud bekeken kunnen worden. Bovenal is het echter een plek waar je verrast kunt worden, waar uit de meest onooglijke doos plots een bijzonder stuk tevoorschijn komt. Dit gevoel en deze sfeer willen we in **SELECTIE 1** oproepen.

Next to the central exhibition hall is the **white box**, an area of about 150 square metres reserved for presentation of the collection. In view of the fact that a collection of clothing and textiles is subject to very specific prescriptions in a museum, this display is not intended to be permanent. For ideal conservation, ICOM norms stipulate a display of three months for the exhibits followed by a three-year period of rest. Consequently we decided to present changing displays whose contents will be themed and which can sometimes provide a platform for private collections.

The opening exhibition, focusing on the first selection from our collection, bears the title **SELECTION 1: BACKSTAGE | ACHTER DE SCHERMEN | LES COULISSES**. We aim to display a further series of selections in the future - whether or not linked to a specific theme. The first selection is only one option, and will act, so to speak, as a sample card for the entire collection.

Conceptually, **SELECTION 1** was drawn from the **depot**, the storage which is every museum's treasury. The collection is kept in optimum climatic conditions in storage, away from harmful influences such as light, dust and humidity. While the collection in the former Textile Museum (Vrieselhof) was kept in dozens of acid-free cartons, MoMu has over 600 square metres of storage space with a modern system of cases and two restoration studios. The storage areas extend over the various floors and mezzanines, forming what might be called the backbone of the ModeNatie premises. But the depot also has a special place symbolically. No distinction is made between the items of the collection in storage. They are taken down from their pedestals, so to speak, removed from the attention they attract when on exhibition. This is a place where objective reflection is possible and the pieces can be viewed in peace and quiet. Above all, however, it is a place where you can be pleasantly surprised, where a special exhibit will suddenly emerge from the least attractive of cases. This sensation and that atmosphere is what we want to conjure up in **SELECTION 1**.

Naast de tentoonstellingsruimten en de depots beschikt het MoMu over een **bibliotheek** en een **leeszaal**. Beide bevinden zich op de tweede verdieping en zijn de symbolische schakel tussen de museale ruimtes op de eerste verdieping en de modeacademie op de derde verdieping. Zowel voor het museum als voor de academie zal de bibliotheek fungeren als een plaats voor inspiratie, kennis en geschiedenis. De MoMu-bibliotheek beschikt over 15 000 banden, waaronder meer dan 11 000 boeken, een groot tijdschriftenbestand, tentoonstellingscatalogi, veilingcatalogi, museumcatalogi, tal van documentatiemappen, prentbriefkaarten, kant- en weefpatronen, knipsels tot en met een zeer uitgebreid archief op het gebied van middeleeuws borduurwerk.

De leeszaal van 250 vierkante meter is vrijwel uniek in het Vlaamse museumlandschap. De bibliotheek wil immers meer zijn dan een vakbibliotheek en wil de komende jaren uitgroeien tot een studie- en documentatiecentrum voor mode. Kwalitatief onderzoek rond mode stimuleren, is een van de prioriteiten. We willen dit onderzoek dan ook letterlijk de nodige ruimte geven.

Een studiecentrum creëren betekent ook dat je niet enkel je eigen kennis, ervaring en archieven ten dienste stelt van anderen, maar dat je tevens een forum voor de uitwisseling van deze informatie aanbiedt. Lezingenreeksen, gesprekken en inleidingen op de tentoonstellingen zullen daarom in de leeszaal plaatsvinden.

As well as the exhibition and storage areas, MoMu has a **library** and a **reading room**. Both are on the second floor and form the symbolic link between the museum rooms on the first floor and the Fashion Academy on the third floor. For both the Museum and the Academy, the library will act as a place of inspiration, knowledge and history. The MoMu library has over 15,000 volumes, including over 11,000 books and a large stock of journals, exhibition catalogues, auction catalogues, museum catalogues, many portfolios of documents, picture postcards, lace patterns, weaving patterns, cuttings and a large archive on the subject of mediaeval embroidery.

The reading room, measuring 250 square metres, is almost unique in Flemish museums. The library aims to be more than a professional collection, and we hope that over the years to come it will expand into a centre for the study and documentation of fashion. One of our priorities is to encourage qualitative research into fashion, and we shall literally give such research the space it needs.

Creating a study centre also means that those who use it are not only placing their own knowledge, experience and archival material at the service of others, but also providing a forum for the exchange of such information. Series of lectures, discussions and introductions to the exhibitions will be held in the reading room.

Voorliggend boek is geen collectieboek geworden, noch een tentoonstellingscatalogus. Liever wilden we van de gelegenheid gebruikmaken om in deze publicatie de eerste krijtlijnen van het museum en onze visie op mode uit te tekenen. Hierbij vonden we het belangrijk om niet enkel onze eigen signatuur voor te stellen, maar om ook andere stemmen aan bod te laten komen. Zo worden de bijdragen over de MoMu-collectie (Frieda Sorber en Linda Loppa) aangevuld met korte statements van intendanten en curatoren die kunnen terugblikken op een jarenlange ervaring met het tentoonstellen en verzamelen van kledij of mode. Verder vroegen we Dirk Lauwaert om een algemeen filosofische situering van het fenomeen mode, terwijl Agnes Goyvaerts een beknopt overzicht van de Belgische mode in de laatste twintig jaar schetste. Kristiaan Borret sluit af met een tekst over het werk van Marie-José Van Hee, die tekende voor de architectuur van onze nieuwe thuis: de ModeNatie.

The present book is neither devoted entirely to the collection nor an exhibition catalogue. We wanted to use this publication as an opportunity of sketching the preliminary outlines of the Museum and setting out our vision of fashion. In the process we felt it was important not to present our own ideas alone but to let other voices be heard. The contributions about the MoMu collection (by Frieda Sorber and Linda Loppa) are therefore complemented by short statements from museum directors and curators who can look back on years of experience in the exhibition and collecting of clothes or fashion. We also asked Dirk Lauwaert for a general philosophical study of the fashion phenomenon, while Agnes Goyvaerts has provided a concise survey of Belgian fashion over the last twenty years. Kristiaan Borret concludes with an account of the work of Marie-José Van Hee, who drew up the architectural plans for our new home, the ModeNatie.

3 DOZEN . / KRAGEN

PLEXI PLAAT
03 MM

REF / CATALOGUE NR
PERIODE / DATUMS / ETC
INVENTARIS NUMMER

ⓑ

Depot, Textielmuseum Vrieselhof (1977-1998)
Storage, Vrieselhof Textile Museum (1977-1998)

24

Textielmuseum Vrieselhof
Vrieselhof Textile Museum

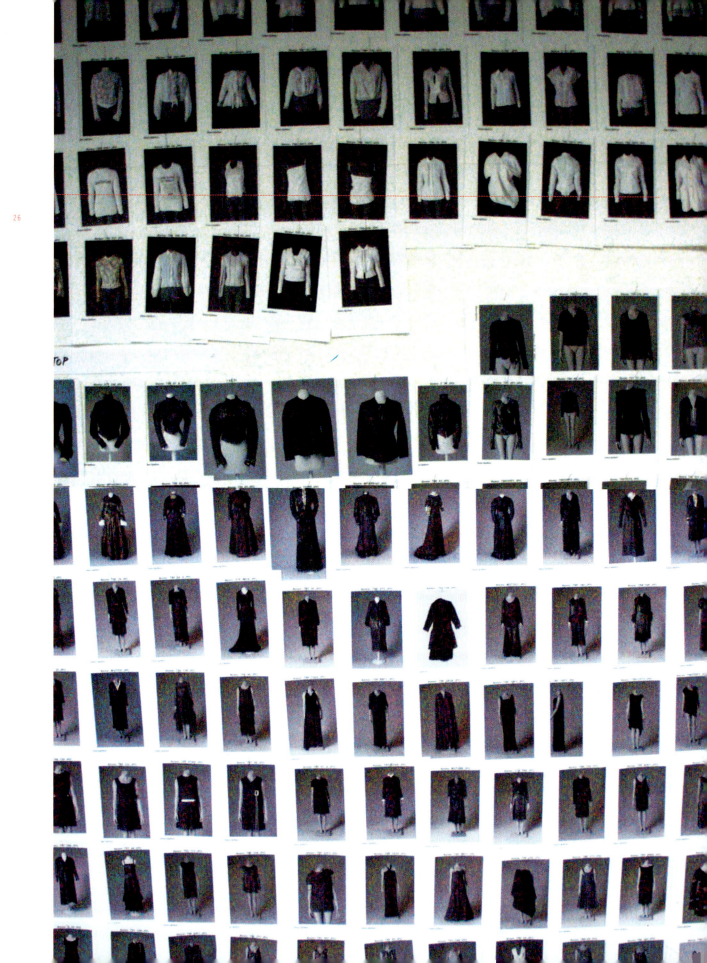

TOP

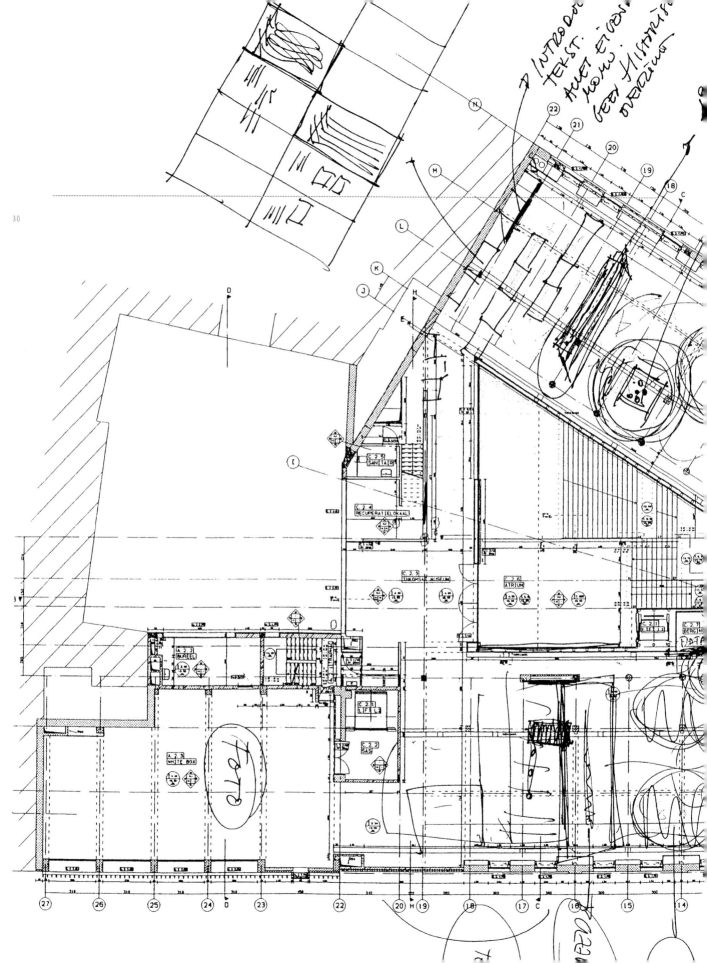

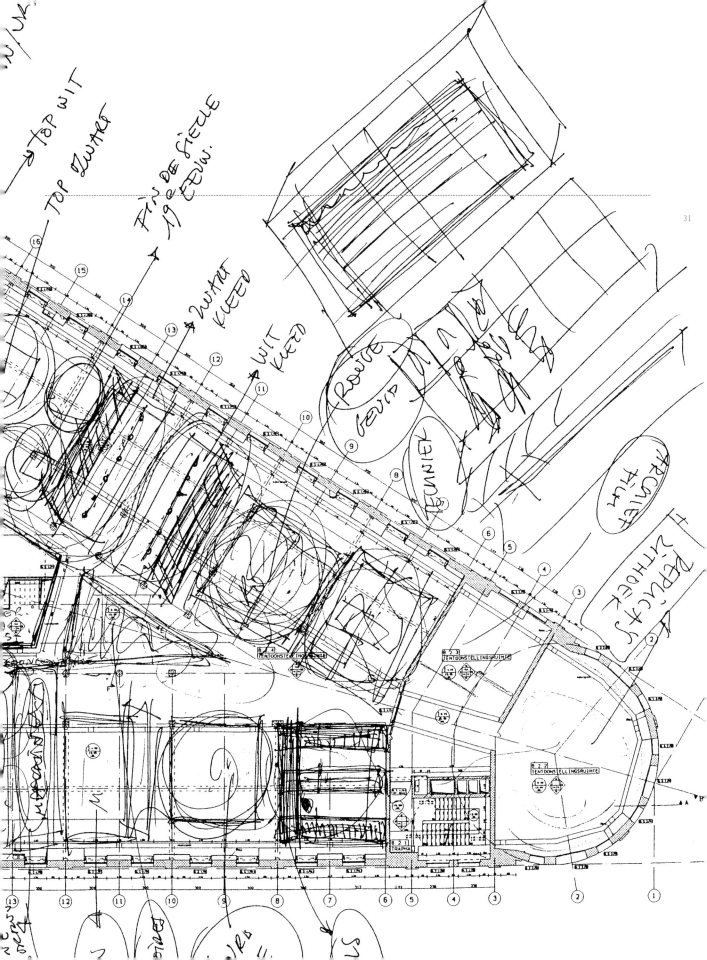

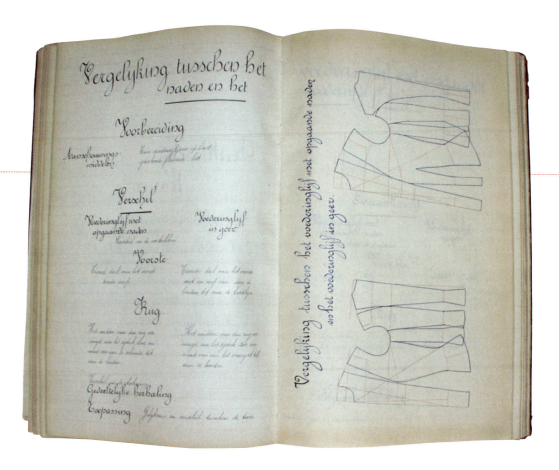

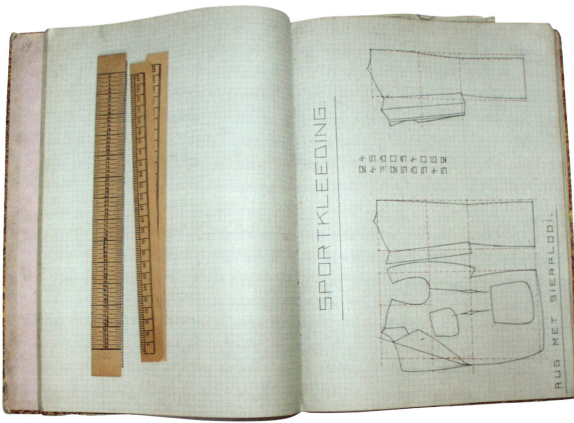

36

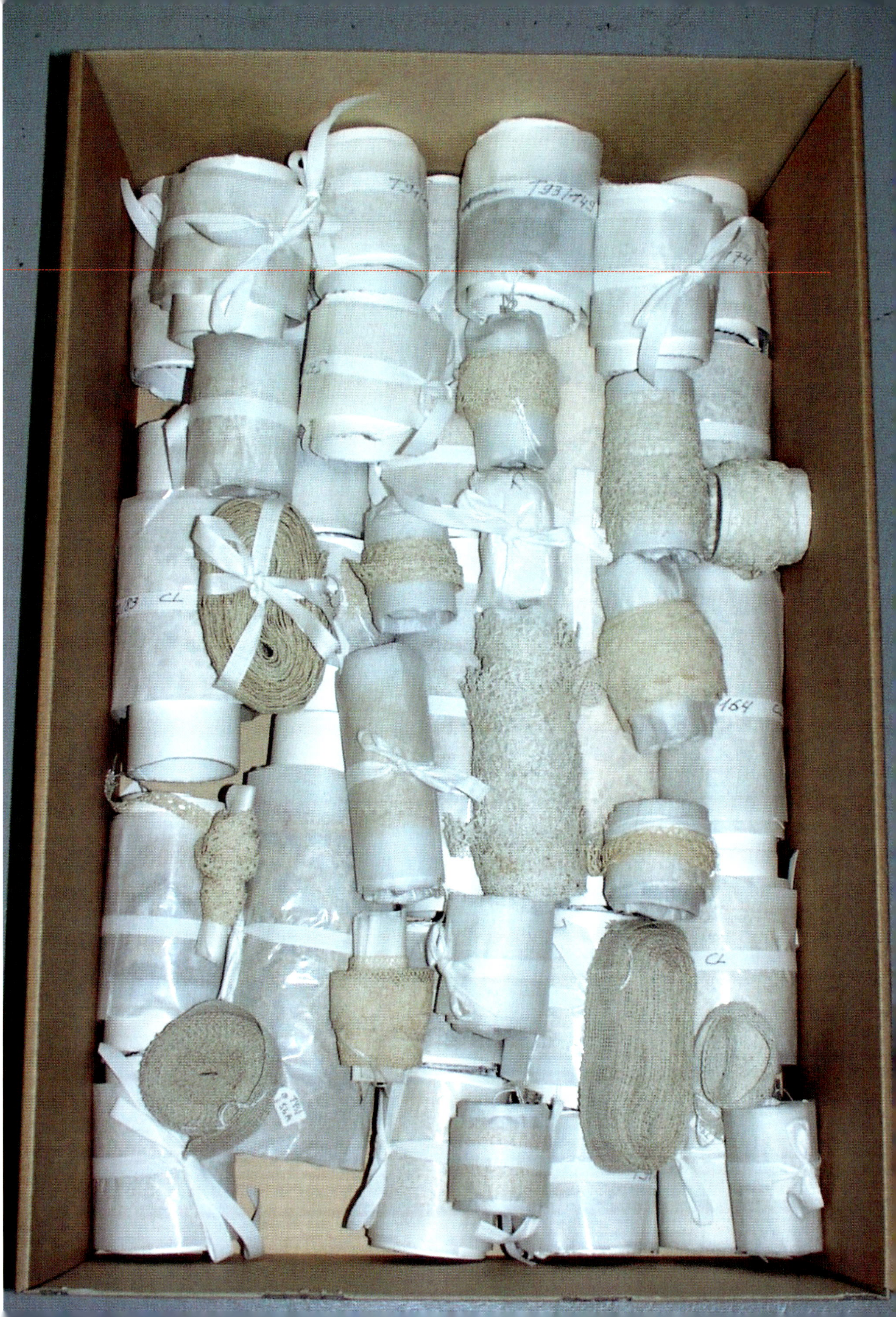

HUSSEIN CHALAYAN
Winter 2002-2003

Ambimorphous
Herfst-Winter
2002-2003

Ambimorphous
Autumn-Winter
2002-2003

HET DOEL VAN HET PROJECT IS HET SCHEMERGEBIED tussen realisme en surrealisme, macht en machteloosheid te verkennen.

Bij wijze van voorbeeld wil ik de relaties onderzoeken tussen *Alice in Wonderland* als voorstelling van een surreële entiteit, en oorlog als kracht in de echte wereld.
Aan de surreële implicaties van de macrokosmische en microkosmische scenario's in *Alice in Wonderland*, waar de objecten rondom de centrale figuur groter of kleiner zijn, kleven connotaties van macht en machteloosheid in een beheersbare of onbeheersbare omgeving.
De ervaring van de hedendaagse oorlog, anoniem gewelddadig, gefilterd, gecensureerd en bijna hermaakt door de media, is niet langer een reële ervaring maar wordt zelf even surreëel als *Alice in Wonderland.*
Het uiteindelijke doel is aan te tonen dat door de mens geconstrueerde theorieën over de werkelijkheid en ook onze macht over die werkelijkheid kunnen kantelen, en dat surreële situaties zelf deel uitmaken van het leven en geen fragmenten van de verbeelding blijven.

DE VERTALING (AMBIMORF)

In dit project zijn de grenzen tussen reëel en surreëel onscherp geworden en 'gemorfd'. Visueel zijn talrijke organische en meestal imaginaire vormen herwerkt en aangetast door mechanische vormen; deze zijn op hun beurt getransformeerd door organische vormen.
De setting van de show zou de veranderende gradaties van groot naar klein moeten weergeven en zo de overgang laten zien tussen macht en machteloosheid. De achtergrond wordt ondersteund door een een rij mensen wier positie zich gradueel wijzigt en als het ware de veranderende sfeer illustreert in de verschillende fases van het gebeuren.
De kleren zullen zogenaamd 'ambimorfe' vormen representeren, die allemaal in twee verschillende richtingen kunnen vervormen; een opeenvolging met een strak begin dat in onzinnige resultaten uitmondt, waar alle verschijningsvormen onleesbaar en ondefinieerbaar worden, waar het reële en het surreële elkaar als het ware neutraliseren.

THE AIM OF THE PROJECT IS TO EXPLORE THE SHADY territory between realism and surrealism, power and powerlessness.

As an example I intend to examine the connections between *Alice in Wonderland* as a representation of a surreal entity, and war as a real life force.
The surreal implications of macrocosmic and microcosmic scenarios in *Alice in Wonderland* where the objects around the central figure are larger or smaller have connotations of power and powerlessness in controllable or uncontrollable environments.
The experience of modern-day war, anonymously violent, filtered, censored and almost re-created by the media does not remain a real life experience but becomes as surreal as *Alice in Wonderland* itself.
The ultimate object is to demonstrate that man-made theories of reality and our power over this reality can reverse, and that surreal situations themselves are a part of life and do not remain as fragments of the imagination.

THE TRANSLATION (AMBIMORPHOUS)

In this project the boundaries between the real and the surreal are blurred and morphed. Many organic forms, mostly imagined, are reorchestrated and invaded by mechanical forms; mechanical forms are remoulded by organic forms.
The environment should reflect the changing degrees of scale from large to small, demonstrating the transition between power and powerlessness. The background is supported by a landscape of people lined up, with their positions changing, almost illustrating change of climate at different phases of the event.
The clothes will represent forms that are so-called 'ambimorphous': where all forms can morph in two different directions, a procession with a linear beginning reaching nonsensical results; where all shapes become unreadable and indefinable, almost where the real and the surreal cancel each other out.

44

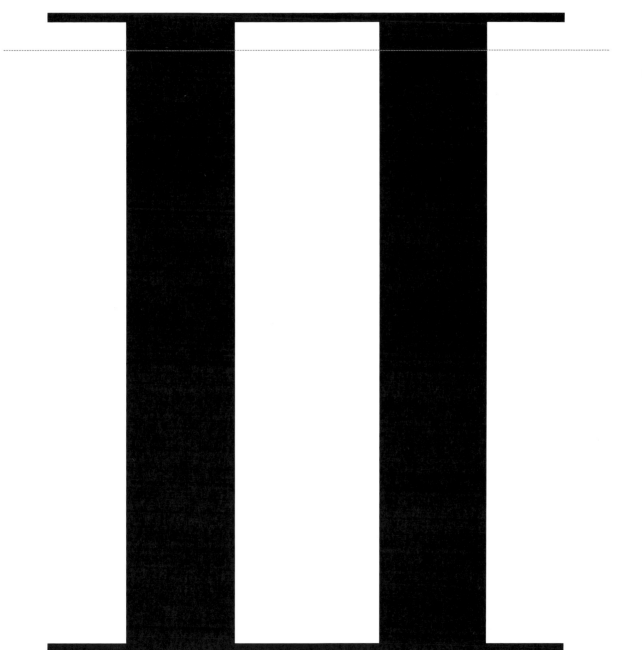

Fashion is everything contemporary art is not:
it is concerned with beauty; it is well aware of its
history over many centuries, rather than just recent
decades; it is more semiotically layered than the
most complex Photoshop composite you ever worked
on; and it has one ever present constraint (and only
constraints can lead to great art) - the human figure.
This constraint gives the art of fashion its vitality,
its optimism and its inventiveness.

Lev Manovich

Je dois ressembler à qui j'aime.

Roland Barthes

Appareil délicat et spiritualisé d'une civilisation.

Marcel Proust

Kledij
als keuze en code

Apparel:
Choice and Code

HET MUSEUM ATTENDEERT OP WAT TE VERDWIJNEN STAAT; het archief bewaart wat men anders wegwerpt. Dubbele beweging van afstoten en opslaan; van ontkenning en erkenning die elkaar intiem doordringen. Het museum is hoe dan ook het teken van een crisis - wat vanzelfsprekend was, is dat niet meer.

Wat betekent een vanzelfsprekend zich kleden, waarvan ieder modemuseum het verdwijnen celebreert? Het is een vaardigheid die ieder zonder nadenken beheerste - men leerde zich kleden, zoals men zich in taal leerde uitdrukken: spelenderwijs, van moeder op dochter, van vader op zoon. Bovendien, het oude kleden sloot het kleermaken in. De vrouw kon met textiel omgaan; ze deed dat zoals ze kookte. Het textiel impliceerde dus beide: een manier van maken en een manier van dragen. Weinig bemiddelaars, eerder een intense continuïteit; een intiem weten, dat vanzelfsprekend is en dus niet besproken wordt. Deze vaardigheid houdt een specifieke intimiteit in: men kent de handen die ze gemaakt hebben, zoals de handen die ze maken het lichaam kennen dat het zal dragen. De gebreide sjaal die een tienerdochter voor haar vader maakt, is geen ding, maar liefdeswerk. Wat hier circuleert in talloze varianten kan niet anders dan radicaal persoonlijk zijn. Het 'op bestelling' impliceert reeds een andere transactie; de serieproductie nog een andere.
Wij kennen die oude, intieme manier van kleden nauwelijks nog. Maken en dragen zijn gescheiden. Het raakpunt tussen beide ligt nu in de winkelruimte en in foto's op glanspapier. Hier voltrekt zich geen tactiele geschiedenis meer, maar wordt uitsluitend een visueel statement gemaakt. Geen complexe, risicovolle dialoog, maar de reflex op een slogan. Als kleed, broek, vest niet meer voor mij gemaakt zijn, dan moeten ze zich op andere manieren aan me opdringen: als beeld, als vertellend beeld. Een museum van textiel wordt dus een modemuseum. De kunst van de stof wordt de bewust ontwikkelde taal van modebeelden. Mode is als literatuur tegenover het dagelijkse woord: geraffineerd, zelfbewust, artificieel. Steeds meer een labyrint, steeds minder spontaan. Een kunst dus.
De prijs is hoog, want we dragen geen kleren meer - die fantasie van Yamamoto over de kledij in August Sanders portretten - maar zij tekenen ons tegen wil en dank. Onze anatomie is niet meer dan een vaal canvas voor accenten.

THE MUSEUM CALLS ATTENTION TO WHAT IS ON THE VERGE of disappearing. The archive preserves what one would otherwise discard. It is a duplicitous motion of rejecting and collecting, of denial and recognition, the one intimately infiltrating, penetrating the other. However you look at it, the museum is the sign of a crisis - what was once self-evident is self-evident no more.

What does it mean, this self-evident dressing oneself, an act whose disappearance is celebrated by every apparel or fashion museum? It is a skill of which everyone, without thinking, has command. People learned to dress themselves the way they learned to express themselves in language, in play, from mother to daughter, from father to son. Moreover, making clothes was once a part of getting dressed. A woman could handle cloth. She did it the way she cooked. Textiles therefore implied both - a way of making them and a way of wearing them. There were few mediators, sooner an intense continuity, an intimate knowing, self-evident and hence unspoken. This skill embraced a specific intimacy. One knew the hands that made them the way the hands that made them knew the body that would wear them. The knitted scarf a teenaged daughter makes for her father is no mere 'thing', but a work of love. What circulates here in countless variations can be nothing less than radically personal. 'Made to order' already signifies an extra transaction, series and production yet another again.
We hardly even know that old, intimate dressing ourselves any more. Making and wearing are separated. The point where the two touch now lies in the shop, in photographs on shiny paper. Here, no tactile, tangible history still runs its course. A visual statement is all that is made, no complex, risk-laden dialogue, just the reflex to a slogan. If the gown, the trousers, the vest are no longer made for me, then they must insinuate themselves on me in some other way, as an image, a narrative picture. A textiles museum thus becomes a fashion museum. The art of the fabric becomes consciously developed visual language, images of fashion. Fashion is to clothing as literature to the mundane word: refined, self-aware, artificial. More and more labyrinth, less and less spontaneity. So it is an artfulness, an art.
The price is high, for we no longer wear clothes, in the sense of *porter*, to carry - Yamamoto's fantasy of the

We 'zijn' minder dan ooit wat we dragen. We lenen in winkels ideeën van anderen. We esthetiseren en conceptualiseren ons kleden. We zitten niet meer in de eenheid van maken en dragen, maar in die van het concept en het beeld. De hommage aan de mode is een afscheid aan de kledij. De kledij is een praxis, de mode een code. Hoe abstracter de code, hoe groter haar ambitie en haar vermogen om het concrete te koloniseren. Iedere code vampiriseert en parasiteert datgene waarvan het is afgeleid. En deze ingeslagen weg kan niet teruggelopen worden.

De kledij is niet uiterlijk, maar innerlijk. Die paradoxale gedachte laat zich op vele manieren vervoegen. De kledij is in de eerste plaats toch een binnenkant: het moet passen op je lijf, je huid. Je 'zit' in een hemd. Dat eerste, heerlijke gevoel - amper enkele seconden heel scherp bewust - wanneer je iets aantrekt voor de dag. Het kleurt je intieme huid. Daardoorheen kleurt het ook je gevoel. Een gevoel dat meteen bevestiging zoekt in het uiterlijke beeld: zie ik er zo goed uit als ik me voel? Je kleedt je binnenste, voor een spiegel waarin je het buitenste bestudeert. Elke dag hopen we weer dat er tussen beide een sprekend verband bestaat. Niets is nochtans minder zeker - zoals de blik van de anderen steeds weer bewijst. Gelukkig maar (moeten we ook toegeven) is het uiterlijk geen doordruk van het innerlijk - de omzetting van het ene in het andere register stoot op de problemen van iedere vertaling, ze is steeds een vervalsing, dus een bescherming.
De kledij is ook een innerlijk omdat ze in de eerste plaats het verlengde is van een interieurinrichting. Zoals wij gordijnen aan vensters hangen en textiel op tafels en kasten leggen, op de stoelen en fauteuils waarop of waarin we zitten, zelfs op de grond waarop we lopen, net zo ook dragen we textiel op het lijf. Vesten worden op stoelen gehangen, sjaals op de rugleuning van een fauteuil, een hoed versiert plots een entreetafeltje. Zoveel grootburgerlijke schilderijen, zoveel scènes uit films waarin men die wisselende combinaties ziet van gedrapeerd interieur en kledij. De totaalvormgeving van en door textiel is trouwens essentieel voor alle cultuurvormen die een expliciete orde instellen: de orde van een klooster, de orde van een reformbeweging, een nieuwe politieke orde, zelfs de orde van een gezin - het uit zich meteen in een eigen textielpolitiek.

apparel in August Sander's portraits - but they mark us whether we like it or not. Our anatomy is no more than a faded canvas for accents. Less than ever 'are' we what we wear. In shops, we borrow others' ideas. We aestheticize and conceptualize our clothes. We no longer bask in the union of making and wearing, but in that of concept and image. Our homage to fashion is our goodbye to clothing ourselves. Apparel is a practice, fashion a code. The more abstract the code, the greater its ambition and its power to colonize the concrete. Every code is a vampire and a parasite to that from which it evolves, and you cannot turn back once you have stepped down the road.

Clothing is not external, but internal, a paradoxical thought that can be inflected in many ways. In the first place, clothing is the inside: it has to fit your body, your skin. You 'sit' inside a shirt. That first, savoury feeling when you put something on for the day - seldom acutely noticed for more than just a few seconds - that feeling colours your intimate skin. Through the skin it also colours how you feel. The feeling straightaway seeks confirmation in the external image: do I look as good as I feel? You dress what is deepest inside you, in front of a mirror where you study the outermost layer. Each day anew, we hope that there is an expressive bond between the two. Yet nothing is less certain - as the gazes of others prove, again and again. Happily too (we must also admit), the external is no transparent reprint of the internal. The transposition from one register to the other contends with the barriers of every translation. It is always a falsification, and therefore a shield.
Clothing is also an inner thing because it is firstly the extension of an interior design. Just as we hang curtains on windows and drape fabrics across tables and cupboards, on the chairs and sofas where we sit, even on the ground where we walk, so we also carry textiles on the body. Sweaters are hung on settees, scarves on the back of an armchair. A hat suddenly adorns a hallway table. In so many patrician paintings, so many scenes from films, one sees those changing combinations of draped interiors and apparel. The total design of and with textiles is essential, by the way, for all cultural forms that establish an explicit order: the order of a cloister, the order of a reformation movement, a new political order, even the

Ten slotte, de kledij is een innerlijk omdat ze alle spanningen van het libido en de maatschappelijk gekanaliseerde bevrediging samenbundelt. De kledij kanaliseert de biologische drift in een erotisch stuwmeer dat de omgevormde seksualiteit in het midden van al onze preoccupaties plaatst. Juist door het bedekken accentueert en reveleert de kledij.

Kledij functioneert als een gigantisch theatergordijn nodig om drift in erotiek te kunnen omzetten; nodig om ons te doen inzien dat er niets noemenswaardigs achter het gordijn te zien is, maar dat alleen door het gordijn gesloten te houden we kunnen verlangen. Kledij is in de eerste plaats een taal van dat verlangen. Kledij verschuift de naakte seksuele drift naar een gekleed en daardoor grenzeloos verlangen. Het verlangen dat ons steeds verder uitgraaft tot een innerlijk labyrint.

De geschiedenis van deze verschuiving van seksualiteit naar erotiek via de kledij stuurt de geschiedenis van de kledijconstructie. De snit is de articulerende geste waarmee het lichaam in verschillende delen opgedeeld wordt. Links en rechts (linkerschouder versus rechterschouder), maar vooral boven en onder (boven en onder de enkel, de knie, de dijen, het middel, de boezem, de hals, de polsen). Voor de onrustige temperamenten en levensfases maakt links versus rechts het pure bewegen mogelijk, in het verlengde van het *contraposto*. De ene arm boven de andere leggen, van het ene been op het andere leunen, het is geen handeling, maar een variatie; geen verandering, maar een balanceren. De knopen die links of rechts staan, de mantel die links of rechts opengehouden kan worden, de sjaal over één schouder, een juweel aan de andere pols; steeds installeert en accentueert men zo een asymmetrie tussen twee gelijkwaardige, symmetrische elementen. Die asymmetrie genereert een indruk van beweging.

Heel anders werkt de as onder/boven; want hier geen gelijkwaardige termen, maar zeer verschillende. De verticale as speelt niet met variatie, maar met een hiërarchie: boven het hoofd, onder het lijf; boven het hart, onder de buik. In die getrapte structuur maken gewrichten de articulaties. Ook in de kledij geven de horizontalen essentiële scharniermomenten aan. Het is telkens de as waar iets eindigt en iets anders begint. Zijn links en rechts parallellen, onder en boven vormen een vertakking; van

order of a family - it immediately expresses itself in its own politics of textiles.

Finally, clothing is internal because it gathers together all the tensions of the libido with the channelled gratification of society. Clothing conveys biological urge into an erotic reservoir that puts unformed sexuality at the centre of all our preoccupations. By covering, clothing accentuates and reveals. Clothing serves as a gigantic theatre curtain, needed to be able to transform fury into eroticism, needed to help us perceive that behind the curtain, there is nothing worth mentioning to be seen, but that we can only feed our desire by keeping the curtain closed. Our apparel is primarily a language of that yearning. Apparel shifts the naked sexual drive to a clothed and thus limitless longing, the desire that keeps digging us out, excavating into an inner labyrinth.

The history of this shift from sexuality to eroticism by way of clothing drives the history of apparel construction, couture. Tailoring is the articulating gesture with which the body is divided into separate parts. Left and right (left shoulder versus right shoulder) but especially above and below (above and below the ankle, the knee, the thighs, the midriff, the bosom, the neck, the wrists). For the restless temperaments and phases of life, left versus right facilitates pure movement, as an extension of *contraposto*. Laying one arm upon the other, shifting from one leg to the other is not an act, but a variation, not a change, but a balancing. The buttons to the left or the right, the coat that can rest opened on the left or the right, the shawl over one shoulder, a jewel on the other wrist - this is how one continually instils and accentuates an asymmetry between two equal, symmetrical elements. This asymmetry generates an impression of movement.

The axis dividing top and bottom works quite differently, for here the terms are not equal, but very dissimilar. The vertical line does not play with variation, but with a hierarchy: above the head, beneath the body, above the heart, under the belly. In this laddered structure, the joints create the articulations. In clothing, too, the horizontals indicate the essential pivotal moments. Each time, it is the axis where something ends and something else begins. If left and right are parallels, above and below form a branching out, from large to small, from vital to

groot naar klein, van vitaal naar niet-vitaal. In de kledij is de horizontale scheiding tussen wat onder en boven zit, de basis voor een wezenlijk verschil: aan en uit, bloot of niet bloot zijn op die as geplaatst. Links en rechts variëren; onder en boven definiëren (een stijl, een erotische figuur).

Maar tegenover de polariteit van beide assen (boven/onder, links/rechts) staat een heel ander principe. Niet dat van de beweging (tussen twee polen), maar dat van de onbeweeglijkheid. Het is het principe van het detail waarin het verlangen zich plots vastzet, dat het verlangen toelaat wortel te schieten, dat het verlangen toelaat uit het heen en weer van het bedekt/bloot plots radicaal immobiel te worden. Een dwingende keuze is dan voor ons gemaakt, een kwetsende fataliteit maakt het verlangen niet meer negotieerbaar. Het is die angel, die dolkstoot waar Roland Barthes het in *La Chambre claire* over heeft in verband met de fotografie, maar die zo kenmerkend is voor het verlangen zelf. Die stoot is een kerf in een veld, een markering tegen een neutrale achtergrond.

Kledij is een voortdurend herhaald uitwerpen van voorstellen die misschien ooit voor iemand die fatale figuur zullen vormen tegen een neutrale achtergrond.

Deze laatste gedachte zegt dat de kledij in het lot van mensen en hun biografie een even belangrijke als onvoorspelbare rol speelt. Zo bekeken is kledij geen precieze code die functioneel in dienst van het verlangen staat, maar ondergaat ze integendeel de willekeur van dat onstuurbare verlangen. Kledij is dan geen systeem dat als een instrument kan ingezet worden zoals de taal waarmee men rechtbanken overtuigt, waarheid aantoont, bedrog pleegt. Integendeel, kledij lijkt vanuit het standpunt van het verlangen afunctioneel, ondergecodeerd; maar precies daarom is kledij de inzet van een maatschappelijke hyperinvestering, om aan de anarchie van het verlangen het hoofd te bieden. Ieder modemuseum worstelt met die paradox: kledij als vrijblijvend spel, maar tegelijk als intiemste bekentenis van een tijd.

Kijken we toch nog even naar het scherpe coördinatenstelsel (onder/boven, links/rechts), dan lijkt kledij allesbehalve ondergecodeerd, maar juist zeer gestructureerd en structurerend. Mannelijk en vrouwelijk, in en out, hoog en laag - het laat zich moeiteloos aan de twee opposities van de kledij hechten: een talig systeem lijkt hier wel

non-vital. For apparel, the horizontal division between what is below and what is above is the foundation for a fundamental disparity. On or off, naked or not naked are found on this axis. Left and right give variation; above and below define (a style, an erotic figure).

Opposite the polarity of the two axes (above/below, left/right), however, lies a wholly different principle, not one of movement (between two poles) but of immobility. It is the principle of a detail on which yearning suddenly fixes itself, where desire is allowed to take root, a detail that lets longing escape the back-and-forth, the vacillation, suddenly to become drastically immobile. A forceful choice has now been made for us. A rather wounding fatality means that desire is no longer negotiable. In the photographic context, it is this fish-hook, this dagger thrust that Roland Barthes refers to in *La Chambre claire*, which is so characteristic of desire itself. The stab is a gash in a field, a marking on a blank *mise-en-scène*. Apparel is a continually repeated casting away of images that might someday form the fatal figure against a neutral background.

This means that in the fate of people and their histories, apparel plays a role that is as important as it is unpredictable. Seen this way, clothing is no precise code functioning in the service of desire, but on the contrary, it suffers the randomness of that uncontrollable yearning. Clothing is therefore not a system that can be applied as an instrument, such as the language with which one convinces a court of law, demonstrates truth, commits betrayal. On the contrary, from the perspective of desire, clothing seems afunctional, under-coded, but this is precisely why clothing is society's absorbing hyper-investment, in order to resist the anarchy of desire. Every apparel museum wrestles with the paradox: clothing as a game of choice, and at the same time, as the most intimate sense of an era.

If we do just take a look at this honed system of coordinates (above/below, left/right), clothing seems anything but under-coded, but instead, very structured and structuring. Masculine and feminine, in and out, high and low - it effortlessly attaches itself to the two opposites in apparel. A system of language does seem to be working effectively here. Clothing seems not under-coded, but indeed, over-coded. But an over-awareness of the struc-

degelijk te werken. De kledij lijkt er niet onder-, maar integendeel overgecodeerd. Maar een overbewustzijn van die structurering leidt haast fataal tot een uitholling van deze taal; haar reductie tot een steriele grammatica (met als gevolg dat de hyperinvestering kantelt in een desinvestering). De overgecodeerde kledij genereert nog wel regels, maar geen uitspraken meer. We zien overal om ons heen de prijs die een maatschappij voor de overschatting van de code betaalt. Want de cultuur die scherp bewust is van de geconstrueerdheid van haar ordes, staat bloot aan een radicaal pessimisme: de erkenning van een code is automatisch de relativering ervan. Daarmee vervallen de grondslagen zelf van de maatschappelijke creativiteit. Door de kledij als een code te lezen, vervluchtigt het spontane geloof in de ordenende productiviteit van die code.

Hiermee wordt niet nostalgisch gepleit voor een naïeve onwetendheid over de gecodeerde achtergrond van kledij en mode. Dat codebesef is wezenlijk voor alle kledij, maar men kan met dat besef ook anders omgaan; in plaats van ontluisterend, humorvol. Kledij en mode zijn plekken bij uitstek van zelfironie en humor, juist omdat men de normerende wet van de kledij zo goed kent. Niets kan zo op de lachspieren werken als het spel in de kledij, niets kan met zoveel souplesse de maatschappelijke spot aantrekken en verwerken. Er is werkelijk geen kledij zonder zelfbesef, zonder zelfreflectie. 'Naïeve' kledij is onmogelijk. Men heeft niet op het concept van de code moeten wachten om dat te vernemen. De buitelingen van de *witz* hervitaliseren voortdurend de mode. Maar als methode (zoals het denken in termen van code) de overhand neemt, verstart de buiteling, verdwijnt het vitale, dreigt dodend sarcasme het pleit te winnen.

De modetekening die bijna steeds van speelse ironie doordrongen is, de grote modefotografie die iedere mode weer speels doorprikt, de mode zelf die voortdurend werkt op de alerte medeplichtigheid van haar klanten, vergt de grootst mogelijke vrijheid om haar *scherzi* en vervormende *intermezzi* overtuigend te plaatsen. Ieder modemuseum zou een plek van geamuseerde compliciteit moeten zijn, met een voortdurend savoureren van allusies en zelfrelativering. Zoniet is alle kledij, alle mode een uniform. Een code is een uniform. Kan een instituut haar bestaan verdedigen door de graad van geamuseerdheid die ze wekt?

turing almost inevitably, and fatally, leads to a hollowing out, a digging up of this language, to its reduction into a sterile grammar (with the result that hyper-investment tumbles into disinvestment). Over-coded apparel still sometimes generates rules, but no more statements. Everywhere around us we see the price a society pays for overestimating the code, for the culture that is acutely aware of the constructed nature of its codes exposes itself to extreme pessimism. The acknowledgement of the code is automatically a relativization of the code. With this comes the fall of the underlying principles of the society's creativity. By reading clothing as a code, the spontaneous faith in the ordered productivity of that code vanishes from view.

This is not to imply a nostalgic plea for naïve ignorance of clothing or of fashion's coded background. The awareness of code is essential for all apparel, but one can approach it differently - with a sense of humour, instead of refusing to acknowledge. Apparel and fashion are the perfect place for self-irony and humour, precisely because we know the norm-forming dress code so well. Nothing generates good humour as well as the clothing game. Nothing can attract and work out social ridicule with as much pliancy and ease as clothing. There really is no apparel without self-awareness, without self-reflection. 'Naïve' apparel is impossible. One need not wait around for clarification of the concept of the code in order to perceive it. The jester's jokes are perpetually revitalizing fashion. But when the method (such as thinking in terms of code) takes the upper hand, the joke goes sour, the vitality vanishes, and deadening sarcasm threatens to win out.

The fashion drawing, almost persistently imbued with playful irony, the great fashion photography that playfully continues to poke through every fashion trend, and fashion itself, which carries on via the alert collaboration of its clientele, all require the greatest possible freedom in order to convincingly place its *scherzi* and its deformed *intermezzi*. Every fashion museum should be a place of amused complicity, with continual savouring of allusions and self-relativizing. If not, all apparel, all fashion is a uniform. A code is a uniform. Can an institution justify its existence by the degree of amusement it generates?

De mens is een trotse drager, van zijn hoofd in de eerste plaats, van het geslachtelijke in de tweede plaats. De mens - man en vrouw - wordt mooier, niet door kaarsrecht te lopen, maar door het dragend optillen waarmee - het Europese oriëntalisme zag dat heel juist - de vrouw een kind op de heupen draagt, een kruik op het hoofd omhoog houdt, maar ook borsten en kont draagt. Ook de man draagt zijn geslacht. Veel kledij is gemaakt om die schrijdende parade waarin men zich draagt zoals dansers zich en elkaar dragen in het klassieke ballet, te accentueren. Korset, bh, slipje - alles wat het lichaam insnoert, duwt het ook omhoog. Het lichaamsbeeld van Audrey Hepburn is die stengelachtige stijging, die in de art nouveau zo'n mooie figuur maakte. Heel de figuur wordt dan één beheerst vibreren, één flakkerende glinstering als de strakke slingering van een kaarsvlam en zijn rookpluim.

De komiek is de omkering van dat proces: het is het kaarsvet dat inzakt, het lichaam dat zich niet meer opricht, maar omlaag zakt en daar onweerstaanbaar komisch, boosaardig obsceen en vormeloos wordt. Het is vreemd te merken dat sport en training precies voor deze slobberige kledij kiezen, waarin iedere erectie van het bewustzijn en het lichaam in de kiem gesmoord wordt. Het is de schaamteloze kledij van wie niets meer te dragen, niets meer op te houden heeft.

De kledijkeuze is in de eerste plaats negatief, niet positief. De kledij kiezen is iedere ochtend meer een eliminatie dan een positieve herkenning; eerst en vooral 'wat niet', pas langzaam 'dat dan wel'. (In de fotografie speelt hetzelfde mechanisme van negatieve eliminatie bij het maken van een kader en het kiezen op de contact-afdrukken.)

Ook in de beoordeling die anderen aan je kledij geven primeert eigenlijk hoe men niet gekleed is. Dat maakt de interpretatie achteraf van de kledijkeuzes die mensen, groepen en culturen maakten, extra moeilijk - we moeten immers niet alleen bestuderen wat ze wel dragen, maar kunnen dat maar door te verstaan wat ze niet dragen (waartegen ze zich afzetten). Maar dat krijgen we dus per definitie niet te zien.

Die negativiteit speelt een cruciale rol in de manier waarop men met kledij omgaat: dochters willen zich niet kleden als hun moeders, mannen willen zich niet kleden als vrouwen, tieners willen zich niet kleden als volwassenen. De inzet is dan telkens weer te ontsnappen aan een

Man is a proud bearer, of his head in the first place, his sexuality in the second. Mankind - male or female - grows more beautiful not by walking ramrod straight, but with the bearing, the lifting - European orientalism saw it quite rightly - by which a woman carries her child on her hip, bears a jar on top of her head, but also carries her breasts, her buttocks. A man too carries his sex. Much apparel is made to accentuate this strutting parade in which one carries oneself, like dancers carry themselves and each other in classical ballet. Corset, brassiere, panties - everything that snares in the body also pushes it up. The image of Audrey Hepburn's body is that stalk-like rearing up that makes such an attractive form in Art Nouveau. The whole figure becomes one controlled vibration, one flickering glistening, like the narrow snaking of a candle flame and its plume of smoke.

The comical is the reverse of this process. It is the candle wax that sags and droops, the unproud body that no longer rises up, but sinks downward and there becomes unbearably ludicrous, angrily obscene and formless. It is strange to note that physical training and sports attire select precisely this droopy attitude, whose every erection of body or mind is smothered in the bud. It is shameless clothing, with nothing more to bear, to carry, nothing more to hold up.

Choice of apparel is in the first place negative, not positive. Choosing one's clothes each morning is more a process of elimination than a positive acknowledgement. First and foremost, it is 'what not to', and then, only slowly, 'well that then'. (In photography, the same mechanism of negative elimination takes place in composing the frame and selecting contact prints.) The conclusions that others draw from your clothing also presuppose how one is not clothed. This makes the retrospective interpretation of the choices in apparel that individuals, groups and cultures have made even more difficult to make. Indeed, we must not only study what they do wear, but we can only do it by understanding what they do not wear (what they reject). By definition, this is what we do not get to see.

This negativity plays a crucial role in the manner in which people relate to clothes. Daughters do not want to dress like their mothers, men do not want to dress like women, teenagers do not want to dress like adults. The principle, then, is ever to escape shameful betrayal, of your own generation, your own sex, your own femininity. None-

beschamend verraad: verraad aan de eigen generatie, aan de eigen sekse, aan de eigen vrouwelijkheid. Toch is het geen algemeen geldend mechanisme: vrouwen kleden zich graag als mannen, zonen kleden zich graag als hun vaders, volwassenen kleden zich (vandaag) graag als adolescenten.

Is die negatieve keuze de eerste regel, ze staat diametraal tegenover de mogelijkheid van een extreem positieve keuze die ontwerpers voorhouden, die filmpersonages kunnen maken samen met hun *costume designer* en regisseur. Vrouwen die een huwelijksjurk kiezen, meisjes die naar het bal gaan, maken doelbewuste, expliciete keuzes. Het feit dat al deze figuren (de ontwerper en de bruid, de star en de regisseur) een duidelijk positieve keuze maken, is de grondslag van hun heftige indruk. Bij hen geldt dat de creatie niet alleen bij de maker zit, maar net zo goed bij de drager. Los van wat gekozen wordt, is de keuze zelf een autonome creatie. Zo dragen de modellen in de modefoto's hun outfit - als een scheppende beslissing.

Maar de regel in de werkelijkheid is dus heel anders: geen positieve, maar een negatieve keuze, gedomineerd door angst voor het belachelijke. Kledij is drama, want instrument en inzet van sociale macht. Voor ieder geldt de angst voor de sociale dood door *le ridicule*. De oerfiguur is de overbekende angstdroom van wel iedereen om ongekleed in het openbaar te verschijnen. Cary Grant en Katharine Hepburn hebben rond die angst een sublieme scène in *Bringing up Baby*. Die vaststelling impliceert dat *fashion* onmogelijk avant-garde of revolutionair kan zijn. Het risico niet juist, dus ongekleed te zijn en dus dodelijk lachwekkend, is te groot. Want wie belachelijk gekleed is, neemt in een gezelschap geen positie meer in: het is totale diskwalificatie. Men heeft dan meer dan een spel verloren, men speelt helemaal niet meer mee, men blijkt de spelregels niet te kennen. De angst voor wat *not done* is, weegt onnoemelijk zwaarder dan het verlangen zijn eigen ding te doen. Het belachelijke is niet het 'eigen ding'; wie belachelijk is, heeft niets eigens meer. De nachtmerrie is daar zeer verhelderend over - in het belachelijke vervreemdt men van zichzelf onder een vernietigend objectiverende blik.
Vandaar de voortdurende triomf van het conventionele 'in' zijn. Vandaar het heerlijk conservatieve van de kledij.

theless, this mechanism is not universally valid. Women are happy to dress like men, sons dress like their fathers, and adults (today) gladly dress like adolescents.
If negative selection is the first rule, it stands diametrically opposed to the potential of a radically positive selection demonstrated by designers, one film characters can make with their costume designer and director. Women who pick out a wedding dress, girls attending a ball make explicit choices with specific objectives. The fact that all these figures (the designer and the bride, the star and the director) make clearly positive choices is the foundation behind their making such a powerful impression. For them, the creation is not just in the hands of the maker, but equally in the hands of the wearer. Apart from what is chosen, the choice is itself an autonomous creation. This is how the models in the fashion photographs wear their outfits - as a creative decision.

Still, everyday reality has it that the rule is something else, not a positive, but a negative choice, and it is dominated by fear of the ridiculous. Apparel is drama, an instrument and application of social power. Fear of social death by mockery spares no one. The primaeval figure is virtually everyone's all-too-familiar nightmare of appearing in public without clothes. In *Bringing up Baby*, Cary Grant and Katharine Hepburn play a superb scene about this fear. Implicit in this conclusion is that it is impossible for 'fashion' to be avant-garde or revolutionary. The risk of being improperly clothed, hence unclothed, and thus fatally laughable, is too great, for he who is laughably attired has no more place in the community. It is total disqualification. One has then lost more than a game, but apparently does not even know the rules of the game. The fear of what is 'not done' weighs inexpressibly more heavily than the urge to do your 'own thing'. The ridiculous is not one's 'own' thing, for he who is ridiculous has nothing of his own left. The nightmare is very enlightening. In the ridiculous, under a totally crushing, objectivizing stare, one is estranged from oneself.
Hence the continual triumph of being 'in' with the crowd. Hence the pleasingly conservative nature of our apparel. However much one has the impression that fashion is a rapidly changing and very mobile system, fashion only possesses this mobility through, and thanks to, its deeper immobility: so much for the basic rule.

54

Hoezeer men ook de indruk heeft dat mode een snel wisselend en zeer beweeglijk systeem is, mode heeft die beweeglijkheid alleen maar door én dankzij een dieper liggende onbeweeglijkheid. Zover de basisregel.

Nochtans - wie zich toch buiten de magische cirkel van de conventie weet te plaatsen, is excentrisch: excentriek. Het is de positie van de enkelen die zich bewust en expliciet aan de heersende mode onttrekken. Iedere protest-, iedere reformbeweging (de late 19de en heel de 20ste eeuw hebben er zoveel voortgebracht) kiest voor een vestimentair exil. Men leent dan uit de grote voorraad exotische, antieke, verboden kledijvormen om zijn zelfverbanning duidelijk te maken. Om die originaliteit duidelijk te maken moet men echter wel een kledijtaal spreken die verstaan kan worden als uiting van het exil. Er hangt over zulke posities steeds een zweem van waanzin en kitsch: kledijwaanzin. Overigens is deze bewust gekozen waan een goede leerschool in kledijgevoeligheid. Wie provoceert, moet goed ter tale zijn. Wie zich excentriek kleedt, moet precies weten waar het centrum ligt en hoe zich daartegenover te verhouden. Idem voor de antimode: die veronderstelt een goede kennis van de mode.

Er is nog een derde positie mogelijk: boven de mode staan. Maar ook hier meteen een restrictie: boven betekent niet buiten, maar vooraan. Men staat slechts boven en vooraan in zover men velen onder, na zich heeft. Boven de mode staan, betekent haar sturen. Voor ons allemaal is dat uiteraard de mythische plek waar mode gemaakt wordt en echt bestaat: in de betoverende wereld van ateliers, shows en *photoshoots*. Daar wordt een autoritaire cultuurpolitiek van de kledij uitgestippeld. Maar ook al zal deze wereld en haar personeel ook wel ergens bestaan, ze bestaat toch vooral als fantasie. De stof van het onuitroeibare bovarysme van vrouwen: het fantasme van de vrouw die tientallen erotische talen moeiteloos spreekt. Dit is het stuwende fantasme van de hele consumptiemaatschappij, waar de vrouwelijke psyche de drijvende grondstof voor levert. Het bovarysme is vandaag het maatschappijproject zelf geworden. Het is het hopeloze verlangen om de enige te zijn. Dit meisjesverlangen drijft de westerse cultuur.

Een modemuseum en ieder betoog over mode buigen zich vanzelfsprekend over de referentierol van wie boven de mode staat. Moeilijker is het de excentrieke positie te ver-

He who knows how to position himself outside the magic circle of convention is 'ex-centric'. It is the role of the few who intentionally and explicitly step outside the dominant fashion. Every protest demonstration, every reform movement (the late 19th and all of the 20th century brought so many) chooses vestimentary exile. One then borrows from the ample supplies of exotic, antique or forbidden forms of dress in order to make one's self-imposed banishment clear. In order to demonstrate this originality, one must, however, speak a language of dress that can be understood as an expression of the exile.

There hangs a perpetual daze of madness and kitsch over such a position - clothes madness, apparel lunacy. Indeed, this consciously espoused madness is an excellent learning ground for sensitivity to dress. He who provokes must speak with an adept tongue. He who is eccentrically dressed must know exactly where that centre lies and how to keep himself at odds with it. The same is true for antifashion: it presupposes sound knowledge of fashion.

There is a third possible position, and it is being above fashion. Here too, though, there is instant restriction. Above does not mean outside, but ahead, at the front. One is only above and in front inasmuch as he has many others beneath or behind him. Being above fashion means guiding fashion. For us all, this is of course the mythical place where fashion is made and really exists, in the enchanting world of the studios, fashion shows and photo shoots. Here, the authoritative cultural politics of apparel is drawn out. Still, even if this world with all its characters does exist somewhere, it still exists mostly as fantasy. It is the fabric of the woman's inextinguishable 'Bovary-ism', the fantasy of the female who flawlessly speaks dozens of erotic languages. This is the propelling fantasy behind the whole consumer society, for which the feminine psyche supplies the fundamental driving ingredients. Today, Bovary-ism has become the very project of society. It is the hopeless longing to be the only one. A girl's longing is the force that drives western culture.

A fashion museum or any true reflection on fashion obviously is concerned with the referential role of whomever it is who stands above fashion. The eccentric's role is harder to clarify. It is intimately coupled to social and biographical constellations. How can one exhibit lunacy? How can one demonstrate jokes? The exercise seems practically impossible.

duidelijken. Ze is intiem aan een sociale en biografische constellatie gekoppeld. Hoe kan men waanzin tentoonstellen, hoe kan men grappen demonstreren? De oefening lijkt haast onmogelijk.

Nog extremer is de moeilijkheid om het mislukte te laten zien. Schaamte en vernedering zijn processen die men perfect kan vertellen, maar niet in een object kan vatten. Niet het kleed is beschamend, het is het individu dat beschaamd is. Nochtans is schaamte de onontbeerlijke, negatieve pool van het hele kledijgebeuren. Want mode is in de eerste plaats angst om *out* te zijn, pas dan verlangen om *in* en misschien ooit, even (bijvoorbeeld als men huwt?) *above* te zijn. Het modemuseum is in de eerste plaats een romaneske plek - waar zich sociale, erotische en affectieve drama's afspelen.

Terwijl we ons als rationele mensen steeds weer wijsmaken dat de kledij onze naaktheid bedekt en ons tegen de seksualiteit in bescherming neemt, is achter onze simplistische geruststelling iets heel anders aan het werk: de kledij transformeert de seksualiteit in erotiek. Er is geen ontsnappen aan: pas de geklede mens is de begeerlijke mens. De kledij dekt het eigen begeren af, maar creëert daardoor automatisch een alternatief beeld van onszelf, namelijk onze begerenswaardigheid voor de ander. Ons eigen begeren is immers waardeloos als we niet zelf begeerlijk zijn. In de dialectiek daartussen speelt de kledij een essentiële rol. Naakt staat de aan- of afwezigheid van begeren op de voorgrond; gekleed staat de aan- of afwezigheid van ons vermogen om begeerte op te wekken centraal.

Kledij is op een paradoxale manier centraal in het transformatieproces van seksualiteit naar erotiek en omgekeerd. We kleden ons aan omdat we ontkleed zijn, maar ook omdat we daarna weer (maar anders) ontkleed willen zijn. De kledij is de omweg tussen twee fasen van het ontkleed zijn. Geen enkel aan- of uittrekken van een hemd, een broeksriem, een vest die niet tot in zijn fijnste vertakkingen spreekt van seksualiteit. De kledij onttrekt mij aan de obsceniteit, die in de regel het verlangen dooft, niet wekt. De obsceniteit neemt in het seksuele verhaal de plaats in van het belachelijke. De kledij maakt het mogelijk het obsceen blote te ontwijken en te transformeren in een begeerd naakt. Toch zijn de begeerte en de nagestreefde begeerlijkheid niet lineair aan elkaar gekoppeld. Men hoopt de hele tijd begeerlijk te zijn, maar

The difficulty of showing the fiasco is even more extreme. Shame and belittlement are processes that people can tell about, but not embody in an object. It is not the apparel that is shaming, but the individual who is ashamed. Yet shame is the indispensable, negative pole of the entire phenomenon of dressing ourselves, for fashion is in the first place fear of being left 'out', and only then the longing to be 'in', and perhaps one day (when one marries?), briefly being 'above'. The fashion museum is in the first place a romantic place, a place where social, erotic and affective dramas take their course.

As rational people, while we are constantly preoccupied with convincing ourselves that clothing covers our nakedness and protects us from our sexuality, something quite different is at work behind our simplistic reassurance. Apparel transforms sexuality into eroticism. There is no escaping it. Only the clothed person is the desired person. Clothes cover one's own covetousness, but in so doing, automatically create an alternative image of ourselves, and that is the level of our attractiveness to the other. Our own desire is of course worthless if we ourselves are not desired. In the dialectic between the two, apparel plays an essential role. Naked, the presence or absence of desire is in the lead. Clothed, the presence or absence of our potential to arouse desire is the very heart of the issue.

In a paradoxical fashion, clothing is central to the process of transformation from sexuality to eroticism, and vice versa. We dress ourselves because we are undressed, but also because we later want to be undressed again (but differently). Clothing is the byway between two phases of being undressed. Down to the smallest detail, there is no putting on or taking off a shirt, a belt, a sweater, that does not speak of sexuality. Clothing takes me out of obscenity, which as a rule deadens, does not awaken desire. In the sexual story, obscenity replaces the ridiculous. Clothing makes it possible to avoid obscene nudity and transform it into desirable nudity. Still, the desire and the desirability we aim for are not connected in a single line. One hopes to be desirable all the time, but to be desired only as an exception to the rule. Desirability gives power. Desire makes one vulnerable. Apparel wants desirability, not desire. Clothes are coquetry. In this flirtation, the important thing is not the effective response of the other (one does not wish to be

slechts bij wijze van uitzondering begeerd te worden. Begeerlijkheid geeft macht, begeerte maakt kwetsbaar. De kledij wil begeerlijkheid, niet begeerte: koketterie dus. Daarin is niet het effectieve antwoord van de ander belangrijk (men wil immers niet lastiggevallen worden), maar wel het zelfbesef van de eigen begeerlijkheid. In de koketterie is men opgesloten in een eigen fantasie. Zo is ieder kostuum eerst en vooral een droom voor zichzelf en over zichzelf en pas veel later, misschien, een effectieve uitwisseling met de begeerte van de ander. Hoe sociaal de mode ook lijkt, ze is in de praktijk van het dragen en passen extreem introvert. Men kleedt zich steeds met het oog op de ander, maar de ander is een innerlijke fantasie, een projectie.

De mode als veruiterlijkte innerlijkheid, als geërotiseerde seksualiteit, als bezworen schaamte is verontrustend zelfbewust geworden. Verontrustend omdat dit zelfbewustzijn het onbewuste proces niet alleen bewust maakt, maar daardoor ook uitholt.
Wat ervoor in de plaats komt, is de mode als een massamedium. Even strategisch, even gestructureerd, even dwingend luisterend naar de klant als een televisiestation naar het publiek. Die plompe rationalisering is de verrassende uitkomst van het geraffineerde zelfbewustzijn. De inzichten worden geïnstrumentaliseerd. De belofte de eigen geschiedenis in handen te kunnen nemen, mondt telkens weer uit in een nieuwe wikkeling van zelfvervreemding.
Misschien dat slechts het telkens opnieuw opeisen van het grillige plezier, van de poëtische associatie, van de weerbarstige gevoeligheid een zone van vrijheid kan vrijwaren. Het zou toch in de kledij - dat grote avontuur van ieder mensenleven - moeten kunnen. Maar wellicht is het er juist daarom des te moeilijker.

importuned), but awareness of one's own desirability. In coquetry, one is captured in a fantasy of one's own. Every outfit is first and foremost a dream for and about oneself, and only much later, possibly, an effective exchange with the desire of another. However socially outward fashion might seem, in the practice of wearing and adjusting it, it is extremely introverted. One constantly dresses oneself with an eye to the other, but the other is an inner fantasy, a projection.

Fashion, as externalized introversion, as eroticized sexuality, as imploring shame, has become disturbingly self-aware. It is disturbing because this self-awareness not only turns an unconscious process into a conscious one, but consequently hones it, hollows it out.
What then replaces it is fashion as a mass medium, as strategic, as convincing in how it 'listens' to the customer as a television station is in listening to its audience. This awkward rationalization is the surprising result of a refined, cultivated self-awareness. The insights are instrumentalized. The promise of being able to take your own history into your own hands repeatedly expresses itself in a new mantle of self-estrangement.
Perhaps this demand, over and again, of capricious pleasure, of poetic association, of stubborn sensitivity, perhaps this is all that can reserve a zone of freedom. In clothing, that great adventure of every human life, it must be possible, but because it is possible, it is no doubt all the more difficult.

Dirk Lauwaert

Ik ben veel verschuldigd aan de volgende werken:

Eric de Kuyper, *De verbeelding van het mannelijk lichaam*, Sun, Nijmegen, 1993.

Anne Hollander, *Sex and Suits*, Alfred Knopf, New York, 1995.

Jean-Marie Floch, 'La Liberté et le Maintien', in: *Identités Visuelles*,
PUF, Parijs, 1995.

Wim Wenders, *Aufzeichnungen zu Kleidern und Städten*, 79 min., 1989.

Dirk Lauwaert

I am much indebted to the following:

Eric de Kuyper, *De verbeelding van het mannelijk lichaam*, Sun, Nijmegen, 1993.

Anne Hollander, *Sex and Suits*, Alfred Knopf, New York, 1995.

Jean-Marie Floch, 'La Liberté et le Maintien', in: *Identités Visuelles*,
PUF, Paris, 1995.

Wim Wenders, *Aufzeichnungen zu Kleidern und Städten*, 79 min., 1989.

ANGELO FIGUS
'Sa Manta', Eindejaarscollectie I Graduate collection 'Cuore di Cane', 1999

RAF SIMONS
Isolated Heroes N°9: Werner, Juli / July 1999

Het is moeilijk om je Antwerpen,
een van Europa's grootste havens,
voor te stellen als een centrum van mode.

Business Week, februari 1997

Antwerpen verwerft snel de reputatie
van het Milaan van de denkende vrouw,
zowel voor zijn mode, als voor zijn
interieurdesign.

The Financial Times, april 2002

It is difficult to imagine Antwerp,
one of Europe's major seaports,
as a centre of fashion.

Business Week, February 1997

Antwerp is fast acquiring a reputation
as the thinking woman's Milan for both
its fashion and for its interior design.

The Financial Times, April 2002

Het fenomeen genaamd België

The Phenomenon Called Belgium

WAAR LIGT BELGIË? IK DURF ER MIJN HOOFD OM TE VERWED-den dat twintig jaar geleden een jonge inwoner van Tokio of Los Angeles bij die vraag met de mond vol tanden had gestaan. Als dat vandaag anders is, heeft dat misschien wat te maken met dEUS, of met Jan Fabre. Misschien ook wel met witbier uit Hoegaarden of met witlof (hoewel). Maar het heeft zeker te maken met mode en met Antwerpen. Voor het jonge hippe volkje klinken namen als Ann Demeulemeester, Walter Van Beirendonck, Raf Simons en Veronique Branquinho even opwindend als die van popsterren. Hoe heeft België in zo'n relatief korte tijd zo'n stevige positie kunnen verwerven op de wereldkaart van de mode? Waarom spreekt de *Financial Times* over Antwerpen als 'the thinking woman's Milan', waarom wil Suzy Menkes van de *International Herald Tribune* erbij zijn als de relatief onbekende Christophe Broich zijn winkel opent? Waarom komt Amy Spindler van de *New York Times* in de jury van de modeacademie zetelen? Ik kan er maar één antwoord op verzinnen: omdat het de moeite waard is. Omdat hier een creatieve energie aanwezig is die geen strovuurtje is gebleken en die op meer blijkt te steunen dan op de toevallige ontmoeting van enkele talenten. Want wat begon met 'de Zes' heeft een vervolg gekregen. We kunnen inmiddels bijna spreken van twee nieuwe generaties die het volop maken of stilaan hun weg gaan.

'Wij lopen nog altijd op de wei van de Zes', zegt Erik Verdonck bescheiden, wanneer hij in maart 2002 zijn eerste collectie in Parijs voorstelt. En Tim Van Steenbergen, tien jaar jonger, maar ook aan zijn debuut toe: 'Ik wil het precies zo doen zoals Ann en Dries het hebben gedaan.' Dat wil zoveel zeggen als: op eigen benen, langzaam maar zeker, alles zoveel mogelijk zelf controleren, en deuren openhouden voor andere disciplines.
Wat sommigen zal verbazen, is dat de zogenaamde 'Belgische mode' van vandaag evenzeer Duits, Spaans, Portugees, Italiaans, Nederlands, Turks, Bosnisch of Colombiaans is, want de Hogeschool Antwerpen en het instituut van La Cambre in Brussel trekken almaar meer buitenlanders aan. En toch. Zelfs deze inwijkelingen blijken vaak, als ze afstuderen, een moeilijk te definiëren gemeenschappelijk kenmerk te hebben, iets 'Belgisch' wat alleen een complete buitenstaander aanvoelt, en wat door de ontwerpers zelf meestal met een lichte irritatie wordt afgedaan. Ze willen individuen zijn, geen leden van een school, van een groep, van een land. Buitenlanders die in Antwerpen zijn afgestudeerd, willen

WHERE IS BELGIUM? I WOULD BET A CONSIDERABLE SUM that twenty years ago a young person in Tokyo or Los Angeles asked that question would have been at a loss to answer. If matters are different today it may be partly in connection with dEUS or Jan Fabre, or perhaps Hoegaarden beer, or even chicory. But it certainly does have something to do with fashion and Antwerp. To the young and cool, names like Ann Demeulemeester, Walter Van Beirendonck, Raf Simons and Veronique Branquinho are as exciting as those of pop stars. How has Belgium managed to acquire such a strong position on the international fashion map in so relatively short a time? Why does the *Financial Times* call Antwerp 'the thinking woman's Milan', and why is Suzy Menkes of the *International Herald Tribune* keen to be there when the comparatively unknown Christophe Broich opens his shop? Why does Amy Spindler of *The New York Times* sit on the examining board of the Fashion Academy? I can think of only one answer: because it is worth their while. Because there is a creative energy here that is not just a flash in the pan, and depends on more than the chance coming together of a number of talents. Because what began with 'the Six' has continued. Now we might speak of two new generations emerging.

'We are still following in the footsteps of the Six', says Erik Verdonck modestly on presenting his first collection in Paris in March 2002. And Tim Van Steenbergen, ten years his junior but also making his debut, adds: 'I want to do just as Ann and Dries did.' Which means standing on their own two feet, making slow but steady progress, keeping as much control as possible over everything themselves, and holding the door open to other disciplines.
It may surprise some that what is today known as 'Belgian fashion' is equally likely to be German, Spanish, Portuguese, Italian, Dutch, Turkish, Bosnian or Colombian, since more and more foreign students are attending the Hogeschool in Antwerp and the La Cambre Institute in Brussels. Yet when they have finished their studies even these visitors often seem to have a trademark in common, something difficult to define, something 'Belgian' which will strike only a complete outsider as such, and is usually dismissed with a touch of indignation by the designers themselves. They want to be individuals, not members of a school or group, or representatives of a country. Foreigners who have studied in Antwerp

TIM VANSTEENBERGEN
Eindejaarscollectie 1999 | Graduate collection 1999

BRUNO PIETERS
Zomer I Summer 2002

64

vooral hun oorsprong benadrukken, uit een soort tactische vrees dat de modewereld, wispelturig als ze is, genoeg krijgt van die overdosis belgitude.

De wegbereiders, dat zal niemand ontkennen, zijn 'de Zes van Antwerpen', die eigenlijk met zeven waren. Ruw geborsteld: in 1980 de academie beëindigd, vijf jaar later shows in Londen en Parijs, begin jaren 1990 de grote doorbraak. Van hen is alleen Martin Margiela snel uitgeweken. Via assistentschap bij Jean-Paul Gaultier naar zijn eigen Maison Margiela in Parijs. Dirk Bikkembergs brengt tegenwoordig meer en meer tijd door in Italië, dicht bij zijn productie, maar de anderen blijven in Antwerpen wonen en werken, ver van de soms opgefokte heisa van de grote modecentra. Van de oorspronkelijke Zes heeft enkel Marina Yee een aan-en-uitrelatie met de gestructureerde modewereld, maar ze is er toch telkens weer bij als er cruciale evenementen plaatsgrijpen.

Hadden de Zes elkaars talent als stimulans om zichzelf te overtreffen, dan speelde ook een toevalligheid in hun voordeel: de Belgische overheid vond precies op dat moment dat er dringend wat moest worden gedaan aan onze tanende textielindustrie. Ze maakte geld vrij en stelde een vijfjarenplan op, moedigde fabrikanten aan om wat meer durf aan de dag te leggen, om met ontwerpers te gaan samenwerken, in plaats van enkel op veilig te spelen. Ontwerpers van hun kant kregen de kans om te tonen wat ze in huis hadden in de Gouden Spoelwedstrijd en in het tijdschrift *BAM*. In het buitenland worden we zelfs vandaag nog benijd om deze initiatieven, al zullen de spelers zelf het belang ervan veeleer minimaliseren. Ook zonder Textielplan zouden ze er wel geraakt zijn, denken ze. En waarschijnlijk is dat zo. Maar het kan niet ontkend worden dat er door de wedstrijd sneller en meer aandacht kwam, dat de buitenlandse pers te maken kreeg met al die onuitspreekbare namen, met die ernstige mode en die 'modellen met hun zware schoenen'. Want tegenover de frivole elegantie van Parijs plaatsten die Belgen, elk op hun eigen manier, een nieuw beeld. Nuchter, tegendraads, origineel, persoonlijk. Ze kwamen er in een periode dat enkele Japanners in Parijs nog maar pas voor een kleine schokgolf hadden gezorgd. Yohji Yamamoto en Comme des Garçons toonden kleren van een zwartgalligheid die ze in Parijs niet kenden. De Belgische esthetiek haakte erop in, maar met een heel eigen signatuur: zij kleedden niet het kokette Franse vrouwtje op hoge hakken, maar wat ze toon-

are particularly anxious to emphasize their origins, out of a kind of tactical fear that the fickle world of fashion will feel it has had more than enough of the Belgian factor.

No one can deny that the pioneers were the 'Antwerp Six' (in fact seven). In brief: they finished their studies at the Academy in 1980, were showing collections five years later in London and Paris, and the big breakthrough came in the 1990s. Of them all only Martin Margiela was quick to leave Belgium, moving via a position as assistant to Jean-Paul Gaultier to his own Maison Margiela in Paris. At present Dirk Bikkembergs is spending more and more time in Italy, close to his production facilities, but the others still live and work in Antwerp, away from the sometimes hectic and overwrought atmosphere of the great centres of fashion. Of the original Six, only Marina Yee conducts an on-and-off relationship with the structured world of fashion, but none the less she is always there when something crucial happens.

If the Six were spurred on by each other's talents to excel themselves then a fortuitous factor also intervened, and to their advantage: the Belgian Government decided at precisely that moment that something must be done for our ailing textiles industry. It made money available and drew up a five-year plan, encouraging manufacturers to venture into working with designers instead of simply playing safe. For their part, designers now had the chance to display their wares in the Spindle competition and the magazine *BAM*. Even today we are still envied abroad for these initiatives, although those involved tend to play down their importance. They would have done well, they think with a touch of pique, even without the Textile Plan. And they are probably right, but it cannot be denied that the competition attracted extra attention and did so faster, getting all those unpronounceable names, the serious aspect of fashion and the 'models with their clumping shoes' into the foreign press. For in contrast to the frivolous elegance of Paris the Belgians presented a new picture, each designer in his or her own way. The image was down to earth, against the grain, original and personal. Belgian designers emerged at a period when the Japanese had caused something of a stir in Paris. Yohji Yamamoto and Comme des Garçons were showing clothes of a melancholy nature hitherto unknown in Paris. The Belgian designers latched on to the aesthetic of this development, but very much in their own way: they were not out to clothe the flirtatious Frenchwoman on her high heels, but the crea-

den was ook niet zo vormeloos en radicaal als wat uit Japan kwam. En de wereld werd nieuwsgierig.

Na even - uit financiële noodzaak - naar buiten te zijn getreden als groep, sloeg elkeen snel zijn eigen richting in. Bikkembergs raakte aanvankelijk het bekendst met zijn schoenen. Zijn zware bottines met veters die door de hak liepen, werden in heel de wereld gekopieerd. Yee had haar artistieke, nonchalante elegantie. De heren- en dameskleding van Dries Van Noten ademde een sfeer van nostalgie, Demeulemeester bleek een kei in snit, Dirk Van Saene vond een nieuwe elegantie uit op een ogenblik dat het woord bijna ongepast was, en Van Beirendonck was de man van de sterke grafiek, van het engagement, van de kleur. Vooral de Angelsaksische pers prees hen de hemel in. Onder meer *The Face,* de *Independent,* de *Herald Tribune, Arena* en *i-D* schreven lovend over deze nieuwkomers. Hun bekendheid straalde af op de Antwerpse Academie. Uit het buitenland daagden studenten op die ook hun kans wilden wagen.
De selectie is streng, de opleiding zwaar. Van de ongeveer zestig studenten die in het eerste jaar aan de opleiding beginnen, studeren er gemiddeld slechts een achttal af. Maar wellicht daardoor zijn het ook de sterksten die overleven.

Ondertussen is ook elders - vooral in Brussel - beweging ontstaan. Terwijl in Antwerpen een nieuwe generatie afzwaait - door de Britse pers iets voorbarig gebombardeerd tot nieuwe helden onder de noemer The Furious Five - laat ook buiten de gevestigde scholen her en der talent van zich horen. Véronique Leroy, uit Luik, wint de Gouden Spoelwedstrijd en vestigt zich in Parijs. Elvis Pompilio, een Italiaan uit Luik, krijgt internationale aandacht voor zijn hoeden. Olivier Theyskens verlaat La Cambre vóór de eindstreep, maar loopt meteen in de schijnwerpers doordat Madonna met een van zijn jurken in het openbaar verschijnt. Ook Xavier Delcour zal zijn diploma laten liggen, maar vindt zijn weg in een niche van kleren voor chique clubbers. Gerald Watelet heeft een achtergrond in het restaurantwezen, maar legt zich toe op de haute couture. Christophe Coppens, ook een hoedenmaker, komt uit de theaterrichting. Annemie Verbeke en Sophie Dhoore behagen met hun verfijnde eenvoud, José Enrique Oña Selfa met zijn Latijnse temperament. Chris Mestdagh heeft een grafische opleiding en scoort hoog met rustig vernieuwende herenkleding. Raf Simons is opge-

tions they showed were not so shapeless and radical as the designs from Japan. The world sat up and paid attention.

Although, out of financial necessity, they had been presented abroad as a group, each soon went his or her own way. Bikkembergs was the first to become well known, with his shoes. His heavy bottines with laces running through the heel were copied all over the world. Then there was the artistic, throw away elegance of Yee. Dries Van Noten's clothes for men and women emanated nostalgia, Demeulemeester was a mistress of the superb cut, Dirk Van Saene found new elegance at a time when the word was almost indecent and Van Beirendonck's work was notable for his strong graphic design, commitment and colour. The press of the English-speaking world in particular praised them to the skies. Among other publications *The Face, Independent, Herald Tribune, Arena* and *i-D* wrote in glowing terms of these newcomers. Their fame cast reflected glory on the Academy in Antwerp. Students came from abroad, wanting to try their luck too.
Selection for the Academy is tough, and the training is rigorous. Of the sixty or so students who begin their first year on the course, on average only one in eight qualifies. But perhaps for that very reason it is the strongest who survive.

Meanwhile a movement has come into existence elsewhere, notably in Brussels. While a new generation takes the stage in Antwerp - rather prematurely hailed by the British press as 'the Furious Five' - there are talents making their mark outside the acknowledged schools of fashion. Véronique Leroy of Liège has won the Golden Spindle award and is establishing herself in Paris. Elvis Pompilio, an Italian also from Liège, is attracting international attention with his hats. Olivier Theyskens left La Cambre before finishing his course, but he has been in the headlines since Madonna appeared in public in one of his dresses. Xavier Delcour is said to have abandoned his diploma course too, but is finding his niche making clothes for chic clubbers. Gerald Watelet's background is in the restaurant trade, but he has moved to haute couture. Christophe Coppens, another milliner, had a theatrical training. The sophisticated simplicity of Annemie Verbeke and Sophie Dhoore has met with approval, and so has José Enrique Oña Selfa's Latin temperament. Chris Mestdagh has been trained in graphic art and scores points with his quietly innovative men's fashions. Raf Simons,

66

PATRICK VAN OMMESLAEGHE
Winter 2000-2001

leid tot industrieel vormgever, maar wordt tijdens een stage bij Van Beirendonck gebeten door het modevirus. Hij is een selfmade man die de jeugdcultuur tot onderwerp neemt en, sneller dan hij zelf beseft, wordt uitgeroepen tot de hype van het ogenblik.

Intussen ontstaan in de coulissen plannen om een permanent antwoord te bieden op de vele vragen die komen van buitenaf om informatie, documentatie, contacten. De idee van een onafhankelijk modecentrum krijgt stilaan vorm.
De Belgische mode is natuurlijk niet enkel een succesverhaal. Confectiebedrijven sluiten de deuren, breigoedfabrikanten haken af. Bij de ontwerpers vallen slachtoffers, talenten die om een of andere reden niet konden doorbreken, die het zakelijk niet konden bolwerken, die de visie en het doorzettingsvermogen misten om stand te houden in de jungle die de modewereld toch is. Of die er de brui aan gaven omdat ze de zesmaandelijkse ratrace niet langer wilden volgen.
Maar wie vandaag de internationale modescene bekijkt, kan er niet omheen: het is vooral de Academie - nu Hogeschool Antwerpen - die de meeste grote namen heeft voortgebracht. Martin Margiela, Dries Van Noten, Ann Demeulemeester, Walter Van Beirendonck, Dirk Bikkembergs, A.F. Vandevorst, Veronique Branquinho, Jurgi Persoons, Bernhard Willhelm, Stephan Schneider, Kaat Tilley, Joseph Thimister, Wim Neels, Hans de Foer, Tim Van Steenbergen, Olivier Rizzo, Patrick Van Ommeslaeghe... het is maar een greep. De opleiding speelt dus zeker een rol. Dat er zo wordt gehamerd op individualiteit, een eigen stijl, is zeker een belangrijk element. En dan is er nog die 'Belgische' eigenheid, een directheid en soms ironische nuchterheid, gevoed door het surrealisme, die hen bindt. Buitenlandse waarnemers merken terecht ook op hoe hier de liefde voor de traditie geworteld zit, voor het ambachtelijke werk, zelfs wanneer dat vakkundig uit elkaar wordt gehaald en op een moderne manier geherstructureerd. Ze wijzen op de diepgang van de ontwerpers, die niet blind zijn voor de zwarte zijden van de mens en de wereld, en die zich ook niet makkelijk laten verleiden door grof geld. Waardoor ze in de modewereld inderdaad een heel eigen plaats bekleden.

having done a course in industrial design, was bitten by the fashion bug while training with Van Beirendonck. He is a self-made man who concentrates on youth, and has been hailed by the hype of the moment sooner than he himself expected.

In the meantime, plans are being made behind the scenes for offering a permanent answer to the requests streaming in for information, documentation and contacts. The idea of an independent fashion centre is gradually taking shape.
Belgian fashion, of course, is not all a success story. Ready-to-wear firms are closing their doors; knitwear manufacturers are shutting up shop. There are sacrificial victims among the designers, talented people who for one reason or another could not break through or could not cope with the business side, people who lacked the vision and perseverance to keep their footing in what is, after all, the jungle of the fashion world. Or who abandoned the whole business because they no longer wanted to get caught up in the six-monthly rat-race.
But anyone looking at the international fashion scene today cannot help noticing that it is above all the Academy - now the Antwerp Hogeschool - that has produced most of the great names. Martin Margiela, Dries Van Noten, Ann Demeulemeester, Walter Van Beirendonck, Dirk Bikkembergs, A.F. Vandevorst, Veronique Branquinho, Jurgi Persoons, Bernhard Willhelm, Stephan Schneider, Kaat Tilley, Joseph Thimister, Wim Neels, Hans de Foer, Tim Van Steenbergen, Olivier Rizzo, Patrick Van Ommeslaeghe... you only have to dip into the list. Their training must surely have played a part. The placing of such emphasis on individuality, on the designer's own style, must be an important factor. And then there is the specifically 'Belgian' aspect that links them, a direct and rather ironic sobriety fostered by Surrealism. Foreign observers note, correctly, that they have an inbuilt love of tradition and craftsmanship, even when it is derived, skilfully, from others and restructured to suit modern tastes. They point to the profundity of those designers who are not blind to the dark side of humanity and the world, and will not sit back and let themselves be seduced by big money. Which is why they have a place in the world of fashion that is all their own.

LIEVE VAN GORP
Winter 2000-2001

63.61.30

• Wit katoenen kraag met volant in etskant, 1900-1920, bruikleen: Volkskundemuseum Antwerpen

• Collar in white cotton, with border in machine lace, 1900-1920, long term loan: Volkskundemuseum Antwerp

T86/105A

• Wit katoenen kinderkraag met brede rand in grove etskant, 1900-1920, schenking: Derho

• Children's collar with border in machine lace, 1900-1920, gift: Derho

MFA65.42.125

• Pelerine in zwarte tafzijde, 1890-1910, bruikleen: Volkskundemuseum Antwerpen

• Short cape in black silk, 1890-1910, long term loan: Volkskundemuseum Antwerp

T93/377

• Zwarte pelerine in gefronselde stroken zijde, 1900-1910, schenking: Heemkundige Kring Borgerhout

• Short cape in black silk, 1900-1910, gift: Heemkundige Kring Borgerhout

MFA82.5.2

• Schoudermanteltje in zwart moiré, versierd met zwart kralen passement, 1875-1900, bruikleen: Volkskundemuseum Antwerpen

• Shoulder cape in black moiré silk, and black embroidery, 1875-1900, long term loan: Volkskundemuseum Antwerp

MFA65.42.129

• Pelerine in zwarte taf, 1890-1910, bruikleen: Volkskundemuseum Antwerpen

• Short cape in black tabby silk, 1890-1910, long term loan: Volkskundemuseum Antwerp

T3419

• Kraag in zwarte tulle met applicatie van nestel en passement, 1890-1910, schenking: Truyens-Bredael

• Collar in black net with appliqué embroidery, 1890-1910, gift: Truyens-Bredael

T3146

• Blouse in wit katoen met machinale kant, stropkant, witborduurwerk, 1900-1915

• Blouse in white cotton with design in machine lace, torchon lace and white on white embroidery, 1900-1915

MFA65.42.23

• Blouse met machinaal borduurwerk, 1890-1910, bruikleen: Volkskundemuseum Antwerpen

• Blouse with machine embroidery, 1890-1910, long term loan: Volkskundemuseum Antwerp

T96/256

• Blouse met 'monobosom' in wit Iers haakwerk, 1900-1910, schenking: Coenen

• Blouse with 'monobosom' in Irish crochet, 1900-1910, gift: Coenen

T92/56

• Blouse in lintkant, 1900-1910, schenking: Heirbaut-Meersman

• Blouse in tape lace, 1900-1910, gift: Heirbaut-Meersman

MVT533

• Blouse met schmock en kruissteekborduurwerk, Roemenië, 1930-1950, bruikleen: Volkskundemuseum Antwerpen

• Blouse with smock and cross stitch embroidery, Roumenia, 1930-1950, long term loan: Volkskundemuseum Antwerp

MFA71.30.25

• Gimp in witte organza met machinaal borduurwerk, 1950, bruikleen: Volkskundemuseum Antwerpen

• Blouse front in organza, with machine embroidery, 1950, long term loan: Volkskundemuseum Antwerp

S64/105A

• Corsage, borduurwerk op tule, Félice Van Staelen, Antwerpen, 1900-1905, schenking: Rauts-Van Staelen

• Bodice, embroidered net, Félice Van Staelen, Antwerp, 1900-1905, gift: Rauts-Van Staelen

63.61.62

• Blouse in witte crêpe zijde met schmock borduurwerk, 1930-1940, bruikleen: Volkskundemuseum Antwerpen

• Blouse in white crepe silk with smock embroidery, 1930-1940, long term loan: Volkskundemuseum Antwerp

MFA70.30.9

• Blouse in witte machinekant met bloemmotieven, 1920-1940, bruikleen: Volkskundemuseum Antwerpen

• Blouse in machine lace with floral designs, 1920-1940, long term loan: Volkskundemuseum Antwerp

T82/118

• Corsage in roze en witte zijde (lampas), 1770-1800

• Bodice in lampas, pink and white, 1770-1800

MVT510	T94/387	63.61.64	MVT514	T84/80	MF69.21.11	MFA59.14.1

- Blouse in witte machinekant, gevoerd met zwarte zijdemousseline, 1900-1910, bruikleen: Volkskundemuseum Antwerpen

- Blouse in white machine lace, lined with black silk, 1900-1910, long term loan: Volkskundemuseum Antwerp

- Blouse in zwarte crêpe, 1925-1950, schenking: Van Camp

- Blouse in black silk crepe, 1925-1950, gift: Van Camp

- Monobosom corsage, opgebouwd uit stroken zwarte machinale kant, Au Carnaval de Venise Anvers, bruikleen: Volks-kundemuseum Antwerpen

- Monobosom bodice in black machine lace, Au Carnaval de Venise Anvers, long term loan: Volkskundemuseum Antwerp

- Blouse in zwart zijden keperweefsel, 1900-1910, bruikleen: Volkskunde-museum Antwerpen

- Blouse in black silk twill weave, 1900-1910, long term loan: Volkskundemuseum Antwerp

- Pelerine in zwart fluweel met kralen borduurwerk, 1885-1890

- Short cape in black velvet, embroidered with beads, 1885-1890

- Pelerine in zwarte ripszijde met kralenpassement en volant van zwarte zijden Cluny-kant, 1880-1900, bruikleen: Volkskunde-museum Antwerpen

- Short cape in black ribbed silk with black silk Cluny-lace, 1880-1900, long term loan: Volkskundemuseum Antwerp

- Cape in zwarte taf met kraalversiering, 1890-1910, bruikleen: Volks-kundemuseum Antwerpen 71

- Cape in black plain weave silk with bead embroidery, 1890-1910, long term loan: Volkskundemuseum Antwerp

S60/34	S60/37	T3135	T93/371	AF191	T82/120	T82/121

- Pelerine versierd met zwart veterborduurwerk, 1890-1900

- Short cape in black silk with soutache embroidery, 1890-1900

- Cape in zwart fluweel met sierknopen in glasgit, 1880-1890

- Cape in black velvet with decorative buttons in glass, 1880-1890

- Pelerine in zwart katoen-satijn, 1870-1900

- Short cape in black velveteen, 1870-1900

- Corsage in zwarte zijde, modehuis: Mmes Louis et Soeur, Brussel/Blankenberge, 1900-1910, schenking: Heemkundige Kring Borgerhout

- Bodice in black silk, label: Mmes Louis et Soeur, Brussel/Blankenberge, 1900-1910, gift: Heemkundige Kring Borgerhout

- Corsage in bedrukte taf-zijde, 1860-1870, bruikleen: Volkskundemuseum Antwerpen

- Bodice in printed tabby silk, 1860-1870, long term loan: Volkskundemuseum Antwerp

- Corsage in groene gefigureerde zijde, 1840-1850

- Bodice in green figured silk, 1840-1850

- Corsage in beige damast met blauwe rozen, 1840-1850

- Bodice in beige damask with blue roses, 1840-1850

T3122	MFA61.15.4	T82/124	T82/123	MFA59142	S79/274AB	MVT4

- Corsage in olijfgroene zijde met ingeweven strepen (de mouwen ontbreken), 1830-1850

- Bodice in olive green, striped silk (the sleeves are missing), 1830-1850

- Corsage in olijfgroen satijn met pofmouwen, 1885-1890, bruikleen: Volks-kundemuseum Antwerpen

- Bodice in khaki satin with puffed sleeves, 1885-1890, long term loan: Volkskunde-museum Antwerp

- Corsage in geel satijn, 1880-1890

- Bodice in yellow satin, 1880-1890

- Corsage in wit satijn, 1830-1840

- Bodice in white satin, 1830-1840

- Corsage in groene gefigureerde zijde, 1840-1850

- Bodice in green figured silk, 1840-1850

- Corsage in lichtblauw zijdedamast, versierd met linten, 1840-1850

- Bodice in blue silk damask, adorned with ribbons, 1840-1850

- Corsage in bedrukt katoen (lapisstijl), 1800-1820, schenking: Dijck

- Bodice in printed cotton (lapis style), 1800-1820, gift: Dijck

T00/133	T3143	T94/245ABC	AF238ABC	AF239ABC	82.1.1	T93/219AB

• Open japon in donkerrood pekin met klein chiné à la brance motiefjes, 1760-1780

• Open robe in red striped silk with chiné à la branche designs, 1760-1780

• Namiddagjapon versierd met machinale kant en wit-borduurwerk, 1910-1915

• Afternoon dress with white on white embroidery and machine lace insertions, 1910-1915

• Zomerjapon in witte katoen voile met motieven in kettingsteek, India, 1870-1880

• Summer dress in white muslin, with Indian chain stitch embroidery, 1870-1880

• Tournure-japon in olijf-groene zijde, 1870-1875, bruikleen: Volkskunde-museum Antwerpen

• Bustle dress in olive green silk, 1870-1875, long term loan: Volkskundemuseum Antwerp

• Tournure-japon in bleek-groene zijde, 1870-1875, bruikleen: Volkskunde-museum Antwerpen

• Afternoon dress with bustle in pale green silk, 1870-1875, long term loan: Volkskundemuseum Antwerp

• Japon in grijze zijde met een versiering in aubergine-kleurig satijn, 1875-1880, bruikleen: Volkskunde-museum Antwerpen

• Afternoon dress in grey silk and aubergine satin, 1875-1880, long term loan: Volkskundemuseum Antwerp

• Avondjapon in roze zijde, 1890-1900

• Evening dress in pink silk, 1890-1900

VM83.36.22	T93/214	S64/106AB	S7812/AB	S76/1ABC	T91/244ABCDEF	T93/217

• Kapmantel in bedrukt lila katoen, 1850-1870, Vlaamse streekdracht, bruikleen: Volkskundemuseum Antwerpen

• Hooded cloak in printed cotton, 1850-1870, regional dress Flanders, long term loan: Volkskundemuseum Antwerp

• Zomerjapon in wit bedrukt katoen, 1850-1860

• Summer dress in white, printed cotton, 1850-1860

• Bruidsjapon in gebroken witte zijde, 1900-1910, schenking: Sacré

• Wedding dress in off white silk, 1900-1910, gift: Sacré

• Sakkleed in gros de Tours liseré met gebrocheerde bloemtuilen, 1760-1770

• Dress, in brocaded gros de Tours, 1760-1770

• Empire-jurk in wit katoen, 1800-1810

• Empire style dress in white, embroidered cotton, 1800-1810

• Japon in zwarte zijden Chantilly kloskant, 1900-1910

• Dress in black silk Chantilly bobbin lace, 1900-1910

• Japon in grijsblauwe taf, prinsesmodel, 1880-1885

• Afternoon dress, princess line, in greyish blue silk, 1880-1885

T94/247	T00/213AB	T00/212	T99/246	S.60.82	T82/36	T86/123

• Japon in helblauwe tafzijde, prinsesmodel, 1880-1885

• Afternoon dress, princess line, in bright blue silk, 1880-1885

• Sari en choli in taf met boord in gebrocheerd satijn, India, 1990-2000, schenking: Mathys

• Sari and choli in plain weave silk with brocaded satin border, India, 1990-2000, gift: Mathys

• Sari in tafzijde met gestreepte boord met kettingvlotters in gouddraad, India, 1990-2000, schenking: Mathys

• Sari in plain weave silk with borders of warp patterned gold thread, India, 1990-2000, gift: Mathys

• Avondjapon in zwart fluweel, 1965-1970, schenking: Van Rompaey-Helsen

• Evening gown in black velvet, 1965-1970, gift: Van Rompaey-Helsen

• Avondkleed bezet met glaspareltjes, Lier, 1928-1930

• Evening dress with bead embroidery, Lier, 1928-1930

• Avondjapon geborduurd met schelpmotieven, 1925-1930

• Evening dress with sequin embroidery, 1925-1930

• Avondjapon geborduurd met lovertjes, borduur-werkhuis Timmermans, Lier, 1925-1927, schenking: Timmermans

• Evening dress with sequin embroidery, workshop Timmermans, Lier, 1925-1927, gift: Timmermans

72

T87/146	T95/153	T97/199	T00/40	T01/182	T90/272	T96/29AB

• Jas in zwarte moiré, versierd met zwarte reiger-veren, 1920-1925, schenking: Poignard

• Coat in black moire silk, with agrettes, 1920-1925, gift: Poignard

• Driedelig pakje, Jacques Esterel Parijs, ca. 1970

• Three piece suit, Jacques Esterel Paris, c. 1970

• Katoenen hemdjurk, Vuokko, Finland, 1970-1980, schenking: Dhooghe

• Cotton Dress, Vuokko, Finland, 1970-1980, gift: Dhooghe

• Broekpak, G. Valens, Brussel, 1965-1970

• Pant suit, G. Valens, Brussels, 1965-1970

• Avondjapon in haakwerk, Ann Salens, Antwerpen, 1970-1975

• Evening dress, crochet, Ann Salens, Antwerp, 1970-1975

• Japon in crêpe, Modehuis: Roeis, Antwerpen, 1925-1930, schenking: Mees-Roeis

• Afternoon dress in crepe silk, fashion house Roeis, Antwerp, 1925-1930, gift: Mees-Roeis

• Rok en blouse, Emilio Pucci, Milaan, 1965-1975

• Skirt and blouse, Emilio Pucci, Milan, 1965-1975

73

T89/204	T85/26	T95/50	T96/26AB	T00/132AB	T86/136	T86/33AB

• Japon in bedrukt katoen, Boussac, Frankrijk, 1950-1960, schenking: Asaert-Corthouts

• Dress in printed cotton, Boussac, France, 1950-1960, gift: Asaert-Corthouts

• Namiddagjapon in bedrukte zijde, 1930-1935

• Afternoon dress in printed silk, 1930-1935

• Avondjapon in haakwerk, Ann Salens, Antwerpen, 1970-1975

• Evening dress in crochet, Ann Salens, Antwerp, 1970-1975

• Tailleur in bedrukt fluweel, Emilio Pucci, Italië, 1965-1970

• Outfit in printed velveteen, Emilio Pucci, Italy, 1965-1970

• Avondjapon in haakwerk, Ann Salens, Antwerpen, 1970-1975, schenking: Kegels

• Evening dress in crochet, Ann Salens, Antwerp, 1970-1975, gift: Kegels

• Geborduurde avondjapon, borduurwerkhuis Timmermans, Lier, 1925-1927, schenking: Timmermans

• Evening dress with bead embroidery, workshop Timmermans, Lier, 1925-1927, gift: Timmermans

• Mini-jurk en korte jas, Créations Stépha, Parijs, 1965-1970, schenking: Van de Vel

• Mini dress and short coat, Créations Stépha, Paris, 1965-1970, gift: Van de Vel

T84/249	T96/33	T88/62AB	T96/131	T90/405	T93/1	MVT474

• Japon in zwart en wit bedrukt keperweefsel, 1965-1970

• Dress in printed twill weave, 1965-1970

• Jas, Romeo Gigli, 1990-1995

• Coat, Romeo Gigli, 1990-1995

• Rode wollen jurk met zwarte bedrukking, 1980-1985

• Printed red wool dress, 1980-1985

• Smokingvest met zakdoek in lintkant, gedragen bij een huwelijk, 1950-1960, schenking: Verdyck

• Tuxedo with a pichette in tapelace, worn for a wedding, 1950-1960, gift: Verdyck

• Colbert in crème en blauw ruitweefsel, 1970, schenking: Boumans-Marstboom

• Men's jacket in checkered cotton, 1970, gift: Boumans-Marstboom

• Justancorps in paarsbruin épingle-fluweel, 1790-1810

• Men's coat, justancorps in uncut velvet, 1790-1810

• Mansvest in woldamast, 1750-1800, bruikleen: Volks-kundemuseum Antwerpen

• Vest in wool damask, 1750-1800, long term loan: Volkskundemuseum Antwerp

T3130A	AF55.47.1	AF55.47.2	63.61.81	S75/170	T80/235

• Fluwelen gilet van een uniform voor een lakei, familie van de Werve-de-Schilde, Antwerpen, 1880-1910

• Pluche vest, from a lackey's uniform, from the van de Werve-de-Schilde family, Antwerp, 1880-1910

• Wit ripszijden gilet, geborduurd met kleine bloemranken, 1750-1790, bruikleen: Volkskundemuseum Antwerpen

• Vest in ribbed, embroidered silk, 1750-1790, long term loan: Volkskundemuseum Antwerp

• Wit satijnen gilet, geborduurd met bloemmotieven, 1800-1820, bruikleen: Volkskundemuseum Antwerpen

• Vest in white satin, with embroidered flowers, 1800-1820, long term loan: Volkskundemuseum Antwerp

• Gilet met kraag in witte zijde, 1900-1950, bruikleen: Volkskundemuseum Antwerpen

• Vest with silk collar, 1900-1950, long term loan: Volkskundemuseum Antwerp

• Cape in gebroken witte zijde en machinale kant, 1890-1920, schenking: Janssens

• Cape in off white silk and machine lace, 1890-1920, gift: Janssens

• Kindercorset in wit katoen, 1900-1910, schenking: Dupon

• Child's corset in white cotton, 1900-1910, gift: Dupon

S69/156	T96/7	MVT364	S79/210

• Cape in wit katoen, 1890-1920, schenking: Verhees

• Cape in white cotton, 1890-1920, gift: Verhees

• Wit linnen kinderhemd met witborduurwerk en tussenzetsels in Binchekloskant, 1700-1750

• White linen children's shirt with embroidery and Binche bobbin lace, 1700-1750

• Jas in witborduurwerk, 1890-1910, bruikleen: Volkskundemuseum Antwerpen

• Jacket with white on white embroidery, 1890-1920, long term loan: Volkskundemuseum Antwerp

• Cape in wit katoen en machinale kant, 1880-1910, schenking: Leonard-Weyler

• Cape in white cotton and machine lace, 1880-1910, gift: Leonard-Weyler

AF55.22.10	T86/42AB	T96/5ABCD	T84/64ABC	T93/202B	T95/813

• Cape afgezet met witborduurwerk, 1900-1920, bruikleen: Volkskundemuseum Antwerpen

• Cape with white on white embroidery, 1900-1920, long term loan: Volkskundemuseum Antwerp

• Jas en kap, Ander-Sport Parijs, 1965-1970, schenking: Van de Vel

• Coat and cap, Ander-Sport Paris, 1965-1970, gift: Van de Vel

• Communiejurk in katoenvoile en machinale kant, 1920, schenking: De Ridder-De Keulenaer

• Dress for a First Holy Communion, in white cotton voile and machine lace, 1920, gift: De Ridder-De Keulenaer

• Communiejurk in wit katoen met machinaal borduurwerk, 1960-1965, schenking: De Roo

• Dress for a First Holy Communion in white cotton and machine embroidery, 1960-1965, gift: De Roo

• Schort in geruit katoen, Belco, 1920-1940

• Apron in checkered cotton, Belco, 1920-1940

• Kinderjurk in bedrukt katoen, India, 1970-1975

• Children's dress in printed cotton, India, 1970-1975

T97/182A **T95/169** **MVT363** **T99/176** **T91/313AB**

• Rolkraagtrui gemaakt
uit wolresten, 1960-1970,
schenking:
Boelens-Van de Vel

• Turtleneck sweater,
made from wool remnants,
1960-1970, gift:
Boelens-Van de Vel

• Zouavejas voor een kind
in blauw laken, versierd met
rood veterborduurwerk,
1850-1880, schenking:
Rombouts

• Zouave jacket for a child,
blue cloth with red ribbons,
1850-1880, gift: Rombouts

• Japon met borduurwerk
(geborduurd met kruisjes en
bloemtakjes in wit katoen),
1850-1900, bruikleen: Volkskundemuseum Antwerpen

• Dress with white embroidery on red cotton,
1870-1900, long term loan:
Volkskundemuseum Antwerp

• Jasschort met reverskraag,
1920-1950, schenking:
Claeys

• Apron, 1920-1950, gift:
Claeys

• Kort gilet en korte broek
in zwart fluweel,
1965-1970, schenking:
Van Putte

75

• Waistcoat and short pants
in black velvet, 1965-1970,
gift: Van Putte

63.61.112 **T88/158** **MVT410** **MVT411** **MVT418AB** **T94/299** **T94/101**

• Badpak of gymnastiekpak
in blauw katoen en met witte
biezen, 1900-1919,
bruikleen: Volkskunde-
museum Antwerpen

• Bathing or gym suit in
blue cotton and white tapes,
1900-1919, long term loan:
Volkskundemuseum Antwerp

• Kinderschort in zwart
katoensatijn, 1900-1950,
schenking: Van Houtven

• Children's apron in black
sateen, 1900-1950,
gift: Van Houtven

• Blouse in wit katoen,
1920-1930, bruikleen: Volkskundemuseum Antwerpen

• Blouse in white cotton,
1920-1930, long term loan:
Volkskundemuseum Antwerp

• Blouse in wit katoen,
1890-1910, bruikleen: Volkskundemuseum Antwerpen

• Blouse in white cotton,
1890-1910, long term loan:
Volkskundemuseum Antwerp

• Wit katoenen cache-corset,
1900-1910, bruikleen: Volkskundemuseum Antwerpen

• Shirt in white cotton,
1900-1910, long term loan:
Volkskundemuseum Antwerp

• Corset in bruin keper-
katoen, 1900-1910,
schenking: Poulin-Geirnaert

• Corset in brown twill
cotton, 1900-1910,
gift: Poulin-Geirnaert

• Nylon gaine met stalen
baleinen, 1950-1960,
schenking: Bekkers

• Corset with steel stays,
1950-1960, gift: Bekkers

S78/235B **T98/54** **T98/55** **B02/118** **B02/131AB**

• Onderlijfje met vakjes om
goudstukken in te verbergen,
1940, schenking: Vroman

• Shirt provided with pocket
to hide gold coins, 1940,
gift: Vroman

• Lingerie,
A.F. Vandevorst, 1999

• Lingerie,
A.F. Vandevorst, 1999

• Lingerie,
A.F. Vandevorst, 1999

• Lingerie,
A.F. Vandevorst, 1999

• Wit T-shirt, Fight Aids,
La Maison Martin Margiela,
1990-1999, bruikleen:
Bruloot

• White T-shirt, Fight Aids,
La Maison Martin Margiela,
1990-1999, long term loan:
Bruloot

• Hemd in verpakking,
La Maison Martin Margiela,
1990, bruikleen: Bruloot

• Shirt, in original wrapping,
La Maison Martin Margiela,
1990, long term loan: Bruloot

| B02/124 | B02/120ABC | T98/30 | T98/67 | T98/66 | T98/52 | T01/48 |

B02/124
- Jasje in Tyveck, La Maison Martin Margiela, 1990-1999, bruikleen: Bruloot
- Jacket in Tyveck, La Maison Martin Margiela, 1990-1999, long term loan: Bruloot

B02/120ABC
- Mouwen in baalkatoen, La Maison Martin Margiela, 1990-1999, bruikleen: Bruloot
- Pair of sleeves in muslin, La Maison Martin Margiela, 1990-1999, long term loan: Bruloot

T98/30
- Zwartleren vest, La Maison Martin Margiela, 1999
- Black leather jacket, La Maison Martin Margiela, 1999

T98/67
- Jurk in wit crêpe papier, 'Ruffle Dress', Dirk Van Saene, 1999
- Dress in white crepe paper, 'Ruffle Dress', Dirk Van Saene, 1999

T98/66
- Jurk in wit crêpe papier, 'Elisabeth', Dirk Van Saene, 1999
- Dress in white crepe paper, 'Elisabeth', Dirk Van Saene, 1999

T98/52
- Lingerie, (Autograph), A.F. Vandevorst, 1999
- Lingerie, (Autograph), A.F. Vandevorst, 1999

T01/48
- Zwart zeemleren schort, Lieve Van Gorp, 1999, schenking: Antwerpen Open
- Apron in black suede, Lieve Van Gorp, 1999, gift: Antwerpen Open

76

| T99/34 | T00/474 | T99/28 | T98/85 | T98/85 | T99/90 | T99/164 |

T99/34
- Gewatteerde jas, La Maison Martin Margiela, 1999
- Quilted coat, La Maison Martin Margiela, 1999

T00/474
- Jas in geruit wolweefsel, Dries Van Noten, 2000, schenking: Van Noten
- Coat in checkered wool, Dries Van Noten, 2000, gift: Van Noten

T99/28
- Hoesmantel in beige wol en polyester, La Maison Martin Margiela, 1999
- Coat in wool and polyester, La Maison Martin Margiela, 1999

T98/85
- Avondjapon, Dries Van Noten, 1999, schenking: Van Noten
- Evening dress, Dries Van Noten, 1999, gift: Van Noten

T98/85
- Avondjapon, (rug) Dries Van Noten, 1999, schenking: Van Noten
- Evening dress, (back) Dries Van Noten, 1999, gift: Van Noten

T99/90
- Japon, Circle Dress, Bernhard Willhelm, 1999
- Dress, 'Circle Dress', Bernhard Willhelm, 1999

T99/164
- Jurk, W.&L.T. - Walter Van Beirendonck, 1997
- Dress, W.&L.T. - Walter Van Beirendonck, 1997

| T99/110 | T98/84 | T98/84 | T98/56 | T01/26 | T99/142 | T00/94 |

T99/110
- Jurk in roze zijde, Dirk Van Saene, 1999
- Dress in pink silk, Dirk Van Saene, 1999

T98/84
- Avondjapon, Dries Van Noten, 1999, schenking: Van Noten
- Evening dress, Dries Van Noten, 1999, gift: Van Noten

T98/84
- Avondjapon, (rug) Dries Van Noten, 1999, schenking: Van Noten
- Evening dress, (back) Dries Van Noten, 1999, gift: Van Noten

T98/56
- Japon, Veronique Branquinho, 1999
- Dress, Veronique Branquinho, 1999

T01/26
- Avondjurk in crêpe, 'Robe Couleurs', Patrick Van Ommeslaeghe, 2001
- Evening dress in crepe silk, 'Robe Couleurs', Patrick Van Ommeslaeghe, 2001

T99/142
- Zwarte jas met chiffon versiering, Jurgi Persoons, 1999-2000
- Black coat with chiffon decoration, Jurgi Persoons, 1999-2000

T00/94
- Korte jas samengesteld uit genaaide strips in zwart en wit, Jurgi Persoons, 2000
- Short jacket composed of black and white strips, Jurgi Persoons, 2000

T38/63

T00/446

AF4523

T00/35

• Parasol in zwarte zijde,
1860-1870

• Parasol in black silk,
1860-1870

• Masker met kap
in katoensatijn met
bedrukking in vlokdruk,
Catarina Van Den Bossche,
eindejaarscollectie 1989,
schenking: Loppa

• Masque in velveteen
and flock print,
Catarina Van Den Bossche,
graduate collection 1989,
gift: Loppa

• Waaier met ivoren montuur
en ajoer uitgewerkt blad,
1850-1900, schenking:
De Schuyter

• Fan, ivory and openwork
leaf, 1850-1900,
gift: De Schuyter

• Waaier,
beschilderd papier en zijde,
1870-1900

•Fan,
painted paper and silk,
1870-1900

77

T4575

T4622

MVT156

T01/25

• Waaier met bruine en
blauwgroen iriserende veren,
1890-1900

• Fan with iridescent
feathers, 1890-1900

• Waaier, zwart geglansd
katoenen blad beschilderd
met bloemen, 1890-1910

• Fan, cotton leaf painted
with flowers, 1890-1910

• Bef in machinale kant,
1920-1940, bruikleen: Volkskundemuseum Antwerpen

• Machine lace jabot,
1920-1940, long term loan:
Volkskundemuseum Antwerp

• Hoed, haakwerk
in de vorm van
een broodje,
Bernhard Willhelm, 2001

• Hat, crochet,
in the shape of a bread roll,
Bernhard Willhelm, 2001

T99/82

T00/428

T98/37

T99/87

S79/272

82.1.11

• Hanger in zwart haar,
La Maison Martin Margiela,
1999

• Necklace in black hair,
La Maison Martin Margiela,
1999

• Accessoire in de vorm van
een insect in zwart en wit
breiwerk, Bernhard Willhelm,
1999-2000, schenking:
Loppa

• Ornament in the shape of
an insect, knitted, Bernhard
Willhelm, 1999-2000,
gift: Loppa

• Armstukken (bovenarm) in
zwart leder, Lieve Van Gorp,
1999

• Arm pieces (upper arm)
in black leather, Lieve Van
Gorp, 1999

• Hanger 'Plaque Poupée',
La Maison Martin Margiela,
1999

• Necklace 'Plaque Poupée',
La Maison Martin Margiela,
1999

• Hoed in groen fluweel,
1890-1900

• Hat in green velvet,
1890-1900

• Cornetmuts, 1900-1920,
streekdracht Antwerpse
Kempen, bruikleen: Volks-
kundemuseum Antwerpen

• Bonnet 'cornetmuts',
1900-1920, regional dress
Antwerp area, long term
loan: Volkskundemuseum
Antwerp

T82/55

82.1.4 **MFA60.35.1** **S78/138** **T2976**

78
• Cloche in vilt met fluwelen
bloemen, 1930-1935,
schenking: Poignard

• Cloche hat in felt, with
velvet flowers, 1930-1935,
gift: Poignard

• Luifelhoed, 1860-1870,
bruikleen: Volkskunde-
museum Antwerpen

• Hat, 1860-1870,
long term loan: Volkskundemuseum Antwerp

• Spaanhoed, streekdracht,
Antwerpse Kempen,
1850-1900

• Straw hat, 'spaanhoed',
regional dress Campine area
Antwerp, 1850-1900

• Grize hoed 'chevalier',
1940-1960,
schenking: Dhaenens

• Grey hat 'chevalier',
1940-1960, gift: Dhaenens

• Gebreide slaapmuts,
1850-1900

• Knitted night cap,
1850-1900

T85/186 **S67/56** **S55/26** **T95/798**

• Strohoed, 'Canotier',
1900-1920, schenking:
De Vos

• Straw hat, 'Boater',
1900-1920, gift: De Vos

• Hoge hoed, 1890-1920

• Top hat, 1890-1920

• Zwarte generaalssteek
met gouden versieringen,
1880-1920, schenking:
Wagemans

• General's hat with gold
braid, 1880-1920,
gift: Wagemans

• Zwarte tule handschoenen
met gefronselde armen,
1930-1950

• Gloves in black net
with gathered sleeves,
1930-1950

T99/94AB **T3241AB** **T96/208** **B02/115AB** **T00/284AB**

• Gebreide wanten,
Bernhard Willhelm, 1999

• Knitted mittens,
Bernhard Willhelm, 1999

• Paar machinaal
gebreide mitaines,
1900-1920

• Pair of machine
knitted mittens,
1900-1920

• Leren handschoenen,
1920-1940

• Leather gloves,
1920-1940

• Schouderlange
handschoenen,
La Maison Martin Margiela,
1990-1999, bruikleen:
Bruloot

• Shoulderlength gloves,
La Maison Martin Margiela,
1990-1999, long term loan:
Bruloot

• Handschoenen in bont
en leder, 1990-2000,
schenking: Mathys

• Gloves, leather and fur,
1990-2000,
gift: Mathys

T87/135AB

AF6421

T99/29AB

T80/151ABCD

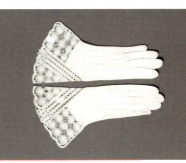

• Kinderhandschoenen in
Iers haakwerk, 1940-1960

• Children's gloves in
Irish crochet, 1940-1960

• Leren handschoenen
met drie vingers, 1800-1900,
bruikleen: Volkskunde-
museum Antwerpen

• Leather gloves with
three fingers, 1800-1900,
long term loan: Volkskundemuseum Antwerp

• Wanten in zwart leder,
La Maison Martin Margiela,
1999

• Mittens in black leather,
La Maison Martin Margiela,
1999

• Handschoenen met
machinale kant, 1920-1930

• Gloves with machine lace,
1920-1930

B02/87

T80/161

T00/422

• Wollen sjerp,
Kiss the Future!, W.&L.T. -
Walter Van Beirendonck,
bruikleen: Bruloot

• Wool scarf,
Kiss the Future!, W.&L.T. -
Walter Van Beirendonck,
long term loan: Bruloot

• Kasjmiersjaal,
Frankrijk, 1850-1870

• Kashmir shawl,
France, 1850-1870

• Zwarte wollen sjaal met
geappliqueerd motief in
rode zijde, Dries Van Noten,
1990-2000, schenking:
Loppa

• Scarf in black wool with
appliqué designs in red silk,
Dries Van Noten, 1990-2000,
gift: Loppa

T00/277   **T00/267**   **T00/155**   **T99/120**   **T00/108**

• Sjaal in gebroken wit
geborduurd katoen,
Dries Van Noten,
1990-2000,
schenking: Mathys

• Shawl in embroidered
cotton, Dries Van Noten,
1990-2000, gift: Mathys

• Sjaal in rood satijn met
ingeweven strepen, China,
1990-2000, schenking:
Mathys

• Scarf in striped, red satin,
China, 1990-2000,
gift: Mathys

• Sjaal, Dries Van Noten,
1990-2000, schenking:
Mathys

• Scarf, Dries Van Noten,
1990-2000, gift: Mathys

• Grijsleren schoenen,
Veronique Branquinho, 1999

• Grey leather shoes,
Veronique Branquinho, 1999

• Bruinleren schoenen,
Stephan Schneider, 2000

• Brown leather shoes,
Stephan Schneider, 2000

64.17.2

T3424AB

T93/356

T99/135AB

• Leren rijglaarzen,
1900-1915, bruikleen: Volkskundemuseum Antwerpen

• Leather boots,
1900-1915, long term loan:
Volkskundemuseum Antwerp

• Beschilderde klompen
met leren riem, streekdracht,
1900-1910

• Painted clogs,
regional dress, 1900-1910

• Knooplaarzen in zwart en
wit gestreept wol- en katoenweefsel, 1850-1900,
schenking: Heemkundige
Kring Borgerhout

• Women's boots in black
and white cotton,
1850-1880, gift:
Heemkundige Kring
Borgerhout

• Bruinleren laarzen,
A.F. Vandevorst, 1999-2000

• Brown leather boots,
A.F. Vandevorst, 1999-2000

T01/23

MVT99

MVT58AB

T00/125ABC

• Bruinleren damesschoenen
overtrokken met haakwerk,
Bernhard Willhelm, 2001

• Brown leather shoes
covered with crochet,
Bernhard Willhelm, 2001

• Leren beenkappen met
gesp, 1900-1920, bruikleen:
Volkskundemuseum
Antwerpen

• Leather leggings with
buckles, 1900-1920,
long term loan: Volkskundemuseum Antwerp

• Damesslobkousen,
1930-1940, bruikleen: Volkskundemuseum Antwerpen

• Women's gaiters,
1930-1940, long term loan:
Volkskundemuseum Antwerp

• Zwartleren schoenen,
Walter Van Beirendonck,
2000

• Black leather shoes,
Walter Van Beirendonck,
2000

T98/15AB

T98/111AB

T99/196

T84/7AB

• Zwartleren tabi-laarzen,
La Maison Martin Margiela,
1999

• Black leather tabi-boots,
La Maison Martin Margiela,
1999

• Witleren schoenen met
naaldhak, 1960-1965,
schenking: Stocker-Kreitz

• White leather shoes with
stiletto heals, 1960-1965,
gift: Stocker-Kreitz

• Witleren schoenen
versierd met zijden strikken,
1850-1900, schenking: Tack

• Leather shoes with silk
bows, 1850-1900, gift: Tack

• Beige leren schoenen,
Christian Dior,
1955-1960

• Beige leather shoes,
Christian Dior,
1955-1960

T99/69

MVT33

T98/18

T84/2

• Bruinleren handtas,
La Maison Martin Margiela,
1999

• Brown leather handbag,
La Maison Martin Margiela,
1999

• Handtas in zwart ottoman,
1920-1950, bruikleen: Volkskundemuseum Antwerpen

• Handbag in black ottoman
silk, 1920-1950, long term
loan: Volkskundemuseum
Antwerp

• Zwartleren schort-handtas,
La Maison Martin Margiela, 1999

• Black leather apron-handbag,
La Maison Martin Margiela, 1999

• Brieventas in wit pekin,
gebrocheerd met bloem-
takjes, 1770-1790,
schenking: Conrad

• Pocket book in white
striped silk with brocaded
flowers, 1770-1790,
gift: Conrad

T87/56

FM72.22.1

T88/45

T95/263

B02/136AB

• Buidel in zwarte faille,
1920-1940, schenking:
De Vos

• Handbag in black silk
faille, 1920-1940, gift:
De Vos

• Tasje in zwart moiré met
borduurwerk, begin 20ste
eeuw, bruikleen: Volkskundemuseum Antwerpen

• Handbag in black,
embroidered moiré,
long term loan: Volks-
kundemuseum Antwerp

• Handtas met lovertjes
borduurwerk, 1930-1940

• Handbag with sequin
embroidery, 1930-1940

• Handtas met kralen-
borduurwerk, Lier,
1950-1960, schenking:
Claessens

• Handbag with bead
embroidery, Lier,
1950-1960, gift: Claessens

• Zwartleren beurs in de
vorm van een handschoen,
La Maison Martin Margiela,
1990-1999, schenking:
Bruloot

• Purse in the shape of
a glove, black leather,
La Maison Martin Margiela,
1990-1999, long term loan:
Bruloot

T84/1

T96/210

S1616

T95/216

T95/219

• Bruin fluwelen handtas
met kralenmotieven,
1920-1930,
schenking: Conrad

• Handbag in brown velvet
with bead embroidery,
1920-1930,
gift: Conrad

• Beurs in zilveren ringetjes,
1910-1920, schenking:
Schulte

• Handbag in silver mesh,
1910-1920, gift: Schulte

• Beurs in kralenbreiwerk,
1850-1870

• Knitted purse with beaded
designs, 1850-1870

• Handtas, gebombeerd
in grijs metaal, Rodo,
1980-1985,
schenking: Muszynski

• Handbag in grey metal,
Rodo, 1980-1985,
gift: Muszynski

• Handtas in beige slangen-
leder, 1960-1970, schenking:
Mys-Van Immerseel

• Handbag in beige snake
skin, 1960-1970, gift:
Mys-Van Immerseel

T97/37

T89/163

T87/129

T97/16

82

• Bedrukt katoen,
Jane Sandy voor Heal's,
'Nimbus', Londen, 1972,
schenking: Janssens

• Printed cotton,
Jane Sandy for Heal's,
'Nimbus', London, 1972,
gift: Janssens

• Katoenweefsel met streep-
motieven, voor de Afrikaanse
markt, Tissage de Bornem,
1950-1960, schenking:
De Vos

• Cotton fabric with stripe
designs, for the African
market, Tissage de Bornem,
1950-1960, gift: De Vos

• Wollen sjaal met bedrukt
kasjmiermotief, 1850-1900,
schenking: Van Hoof

• Printed kashmir shawl,
1850-1900, gift: Van Hoof

• Bedrukt katoen,
Barbara Brown voor Heal's,
'Intermesh', Londen, 1973,
schenking: Janssens

• Printed cotton,
Barbara Brown for Heal's,
'Intermesh', London, 1973,
gift: Janssens

T80/5

T3644

T97/18

T94/107

• Bedrukt katoen, Engeland,
1950-1960

• Printed cotton, England,
1950-1960

• Beschilderd en bedrukt
katoen, Engeland,
1950-1960

• Printed cotton, England,
1950-1960

• Bedrukt katoen, Barbara
Brown voor Heal's, 'Spiral',
Londen, 1976, schenking:
Janssens

• Printed cotton, Barbara
Brown for Heal's, 'Spiral',
London, 1976, gift: Janssens

• Bedrukt wasdoek,
1850-1870, schenking:
Stadsarchief Hasselt

• Printed oil cloth,
1850-1870, gift:
Stadsarchief Hasselt

T95/455

T01/69

T95/449

T87/147

T3392

T3351

• Handtas met kralen-
borduurwerk, 1920-1930

• Purse with bead
embroidery, 1920-1930

• Schildvormige beurs in
kralenbreiwerk, 1850-1875,
schenking: Schillebeeckx

• Purse with knitted bead
designs, 1850-1875,
gift: Schillebeeckx

• Blouse met motieven
in kruissteek, 1925-1950

• Blouse with cross stitch
designs, 1925-1950

• Gouverneursuniform
met goudborduurwerk, 1923,
gedragen door Baron Holvoet,
gouverneur van de
provincie Antwerpen,
schenking: Holvoet

• Governor's dress uniform,
1923, worn by Baron Holvoet,
governor of the Province of
Antwerp, gift: Holvoet

• Merklap met alfabetten in
kruissteek, 1887

• Sampler with cross stitch
alphabets, 1887

• Merklap met alfabetten in
kruissteek, 'Ecole normale
Liège, Gabrielle Verstraete,
1883'

• Sampler with cross stitch
alphabets, 'Ecole normale
Liège, Gabrielle Verstraete,
1883'

De geschiedenis van het ModeMuseum

The History of the Fashion Museum

VROEGSTE|GESCHIEDENIS

De geschiedenis van de collectie van het ModeMuseum begon in de jaren 1930, toen een plaatselijke groep historici een museum opzette rond de Vlaamse beschaving. Hoewel hun ambitieuze plan voor een museum met binnen- en buitenafdelingen, waarin alle aspecten van de Vlaamse cultuurgeschiedenis aan bod zouden komen, nooit werd verwezenlijkt, kwam niettemin, via schenkingen en bruiklenen, een uitgebreide collectie tot stand, vooral op het gebied van decoratieve kunst. Het museum werd ondergebracht in kasteel Sterckshof in Antwerpen, dat eigendom is van de Provincie. Textiel en kleding vormden nooit een belangrijk onderdeel, maar door het ontbreken van een duidelijk en streng acquisitiebeleid, zoals dat vandaag in de meeste musea wordt gevoerd, groeide de hoeveelheid kostuums, accessoires, weefsels en benodigdheden voor de textielproductie gestaag aan. Weinige stukken werden tentoongesteld. Aan het eind van de jaren 1940 verwierf toenmalig conservator Joseph De Beer, die zich voor de geschiedenis van de Belgische katoendrukkerij interesseerde, het heel belangrijke bestand objecten en archiefstukken van de Gentse katoendrukkerij Voortman (1790-1890). Halfweg de jaren 1950 stelde de Provincie een nieuwe conservator aan, Piet Baudouin. Hij legde de klemtoon op de decoratieve kunst. In de tijdelijke tentoonstellingen stonden textiel en kostuum zelden op het programma, maar niettemin kwamen er thema's aan bod die buiten de toen heersende tendensen lagen. Opmerkelijk was een kanttentoonstelling in 1967. In die jaren sprak dat onderwerp weinig mensen aan, de traditionele kantnijverheid was zo goed als uitgestorven, niemand gebruikte kant, en kantklossen was nog niet aan een revival begonnen als populaire hobby. Toch was de tentoonstelling een succes. De kantcollectie van het museum werd uitgebreid. Er werd een kleine bibliotheek over textiel en kostuum samengesteld. Lode Truyens-Bredael, een lokaal auteur over textiel en kant, schonk zijn bibliotheek en zijn omvangrijke documentatie aan het museum.

EARLY|HISTORY

The history of the Fashion Museum's collection starts in the 1930s, when a group of local historians set up a Museum of Flemish Civilization. Their ambitious plan for a museum with indoor and outdoor sections dealing with all aspects of Flemish cultural history was never realized. But, mainly through donations and long-term loans, the Museum, located in Sterckshof castle in Antwerp, owned by the Antwerp provincial authorities, did acquire important holdings, mainly in the field of decorative arts. Costumes and textiles were never a priority, although, without the stringent acquisition policies prevailing in most museums today, a slow but steady trickle of costumes, accessories, textiles and textile production tools did enter the collection. Few items ever went on display. In the late 1940s, the then curator Joseph De Beer became interested in the history of cotton printing in Belgium and acquired very important archives and objects from the Ghent cotton-printing firm Voortman (1790-1890). In the mid-1950s the provincial authorities appointed a new curator, Piet Baudouin, who gave the Museum another focus: decorative arts. Textiles and costumes did not appear often in the programme of temporary exhibitions, but themes outside the prevalent mood of the times were scheduled. Most notable was an exhibition on lace in 1967, at a time when interest in the subject was at an all-time low. The traditional lace industry was almost dead, nobody used lace and lace-making as a hobby had not yet gained popularity. Against all the odds the exhibition was a success and the Museum started to expand its lace collection. Meanwhile, a small library on costumes and textiles came into being. A local author on textiles and lace, Lode Truyens-Bredael, donated his books and extensive documentation to the Museum.

T89/256A

T89/256A
Bef in organza, 1930-1940, schenking: Roeis
Jabot in organza, 1930-1940, gift: Roeis

TEXTIELMUSEUM|VRIESELHOF

Bij het begin van de jaren 1970 was het kasteel Stercks-hof in Antwerpen te klein geworden voor de bewaring en presentatie van de vele verzamelingen. Themacollecties gingen een eigen leven leiden. Via de Fiber Art Movement van de jaren 1960 en 1970 en de talrijke opleidingen in traditionele textieltechnieken knoopte een jonge generatie weer bij het verleden aan. Tegelijk ontstond daardoor een nieuwe manier van leven, de industriële samenleving herontdekte de vreugde van het creëren met eenvoudige middelen. In die sfeer kreeg de textielcollectie een apart onderkomen, het kasteel Vrieselhof in Ranst-Oelegem. Mijn eigen relatie met het museum begon met de verhui-zing naar de nieuwe locatie. Door gebrek aan personeel en geld was het grootste deel van de collectie nooit behoor-lijk gedocumenteerd. Dat werk werd een absolute prio-riteit, samen met de eerste pogingen om betere bewaar-omstandigheden te creëren voor de groeiende collectie. Toen de kostuumverzameling van het Antwerpse Museum voor Volkskunde bij het begin van de jaren 1980 als per-manente bruikleen aan het nieuwe museum werd overge-maakt, betekende dat een uitbreiding met meer dan twee-duizend voorwerpen, die vanaf het begin van de 20ste eeuw bijeengebracht waren en vooral voor de 19de eeuw een waardevolle aanvulling vormden. De presentatie van zulke objecten in het museum spoorde heel wat mensen aan om kleding en textiel te schenken of te koop aan te bieden - dingen die zij vele jaren, vaak om sentimentele redenen, hadden bewaard. Mettertijd werd het museum-depot een echte collectieve klerenkast van onze samen-leving, met zowel de buitengewone kleren voor heel spe-ciale gelegenheden als de gewone kleding van alledag. Het archief en de kledingstukken van het modehuis Valens in Brussel (voornamelijk de periode van de jaren 1950, 1960 en 1970) tonen aan dat er in België toen nog steeds werk van hoge ambachtelijke kwaliteit werd geleverd, terwijl de lonen inmiddels zo sterk gestegen waren dat de productie van handgemaakte kant en bor-duurwerk op ruimere schaal niet meer rendabel was. Naar aanleiding van een tentoonstelling van materiaal uit het archief Valens schonk een dochter van mevrouw Roeis - naaister in Antwerpen vanaf ca. 1910 tot de jaren 1960 - japonnen en materiaal uit het atelier van haar moeder aan het museum. De stoffen, kant, knopen, gespen en

VRIESELHOF|TEXTILE|MUSEUM

In the early 1970s Sterckshof castle became too small to house and display the many collections. Theme collec-tions started to lead their own life. The Fibre Art move-ment of the 1960s and 1970s, and the proliferation of schools and courses on traditional textile crafts, became one way for a young generation to renew ties with the past, while at the same time providing new livelihoods. An industrial society rediscovered the joy of creat-ing objects by simple methods. In this climate the textile collection was granted a separate building, Vrieselhof castle in Ranst-Oelegem. My own connection with the Museum started with the move to the new location. Largely due to lack of staff and finance, most of the col-lection had never been properly documented. This became a top priority, together with the first attempts to create a better storage system for the rapidly expanding holdings. In the early 1980s the costume collection of the Museum voor Volkskunde came on permanent loan to the new Museum. Over 2000 objects, collected from the early 1900s onwards, added valuable material, especially for the 19th century. Seeing objects displayed spurred many people into donating, or offering for sale, costumes and textiles that they had kept for long periods, often for sentimental reasons. Over the years the museum store developed into a collective clothes closet of our society. It holds both extraordinary clothes for very special occa-sions and ordinary wear for daily life. Archives and cos-tumes from the haute couture house Valens in Brussels (mainly 1950s to 1970s) exemplify the high standards of workmanship still available in Belgium at a time when salaries had already risen beyond the level where hand-made embroidery and lace were economically viable on a large scale. An exhibition featuring material from the Valens archives prompted a daughter of Madame Roeis, a dressmaker in Antwerp from about 1910 to the 1960s, to donate to the Museum costumes and materials made or used by her mother. The fabrics, lace, buttons, belt buck-les and accessories used by Madame Roeis in her busi-ness testify to an aspect of dressmaking that has all but disappeared. For several centuries tailors and dress-makers played a vital, though badly documented, role in the Belgian fashion scene. Cities like Antwerp had excel-lent dressmakers, often working in their homes or in

86

accessoires van het naaihuis Roeis getuigen van een vorm van kleermakerij die vandaag nagenoeg verdwenen is. Eeuwenlang hebben kleermakers en naaisters een vitale maar helaas weinig gedocumenteerde rol in de Belgische modewereld gespeeld. In steden zoals Antwerpen waren uitstekende naaisters te vinden, die meestal thuis of in een klein naaiatelier werkten. Velen van hen hadden een zeer goede naaiopleiding voor haute couture gekregen en hadden oog voor mooie kleding. Zij gingen twee keer per jaar naar Parijs om de modedefilés bij te wonen en brachten vandaar nieuwe ideeën mee voor een modebewuste en veeleisende clientèle. Mevrouw Roeis kocht modellen van ontwerpers zoals Madame Lanvin en Jacques Fath, en maakte die na voor haar klanten, met stoffen en accessoires die zij in Frankrijk had aangekocht.

De kantcollectie werd vooral via aankopen uitgebreid. Tijdens de eerste jaren in Oelegem verwierven wij heel wat stukken van families die de kant hadden bewaard voor latere generaties. Dozen met zorgvuldig gevouwen stroken of met afgewerkte stukken werden een vertrouwd beeld. Daaruit de beste en/of belangwekkendste voorwerpen te kiezen voor de collectie, was altijd weer een aangename taak. De zo verworven kostbare verzameling omvat kantwerk van de 17de tot de vroege 20ste eeuw. Soms verliep het aankopen van stukken wel moeilijker. In de jaren 1970 bestonden er vrijwel geen netwerken van antiekhandelaars en veilinghuizen waar regelmatig kleding of weefsels werden aangeboden. Christie's in Londen was waarschijnlijk het eerste veilinghuis dat aparte openbare verkopingen van kledingstukken en textiel organiseerde. In 1980 werd een omvangrijke particuliere kantverzameling in veiling gebracht. Dankzij aankopen op die veiling verdubbelde de collectie zowat. De aanwinsten varieerden van een strook Belgische kant uit het midden van de 19de eeuw, nog in de originele doos van Charles Frederick Worth, over een vroeg-18de-eeuwse koorhemd-albeboord met grote palmbomen in Brusselse kloskant, tot vroeg-17de-eeuwse tafellakens versierd met witborduurwerk en boorden in kant. Aan het eind van de jaren 1980 werd een verzameling Belgische kant van omstreeks 1900 aangeboden door de familie van een Amerikaanse kantverzamelaarster die in de jaren 1920 in België had gewoond. De pronkstukken van dit ensemble van meer

small businesses. Many of them had received excellent training in haute couture sewing. With a good eye for beautiful clothes, they would travel to Paris to see fashion shows twice a year and bring back new ideas to a knowlegeable clientele with high aesthetic and technical standards. Madame Roeis bought models from designers like Madame Lanvin and Jacques Fath and reproduced them for her clients, using fabrics and accessories purchased in France.

The lace collection expanded mainly through purchases. In the early years in Oelegem a fair number of pieces could be bought from families where lace had been kept for future use for several generations. Boxes of carefully folded borders and finished pieces became a familiar sight. Choosing the best and/or the most meaningful pieces for the collection was always a joy. Browsing through these accumulated treasures yielded lace from the 17th to the early 20th century. But buying objects for the collection was not always easy. In the 1970s there was practically no antiques dealer or auction house network that would regularly offer costumes or textiles for sale. Christies, London was probably the first auction house to hold separate sales for them. In 1980 a large private collection of lace came up for sale. Purchases from that auction almost doubled our collection, with magnificent lace ranging from mid-19th-century flounces of Belgian lace, still in an original box from Charles Frederick Worth, to an early 18th-century alb flounce with large palm trees in Brussels bobbin lace, and table linen from the early 17th century with borders in lace and embroidered net. In the late 1980s a collection of turn-of-the-century Belgian lace was offered by the family of an American lace collector who had lived in Belgium in the 1920s. Four made-to-shape dresses in bobbin and needle lace are the highlight from this ensemble of over one hundred objects. Apart from these 'museum quality' objects, humbler archives also made their way into the collection. Descendants of the owners of two early 20th-century Belgian lace firms made generous donations. From Jeanne Luig, who worked in Brussels and Aalst, company records and several hundred glass negatives of important pieces entered the collection. Fanny Diercxsens-Aubergé (Turnhout) founded the 'La Campinoise' lace firm in 1919. Thousands of lace patterns and

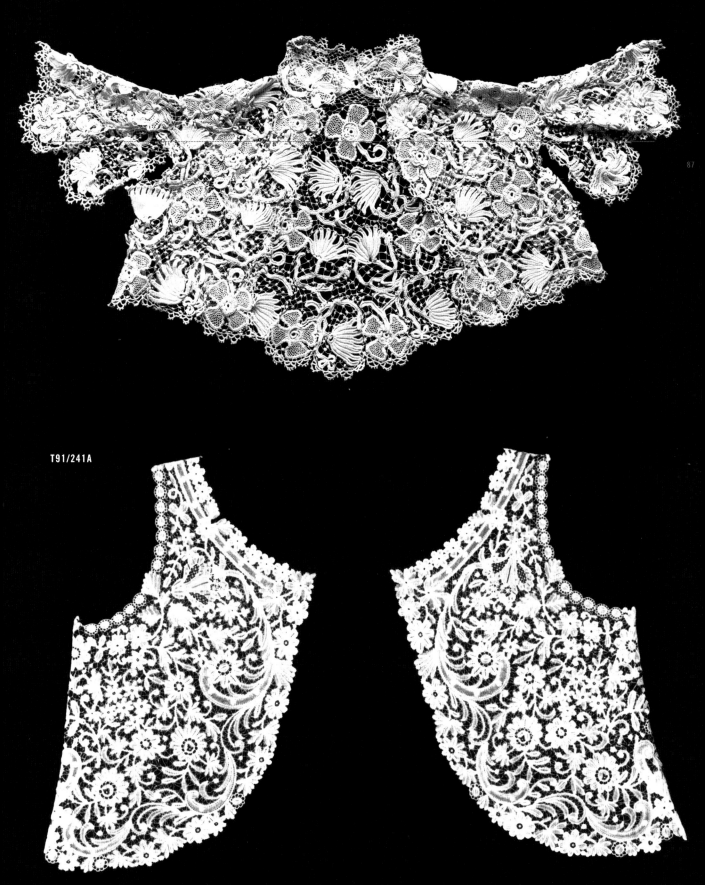

S63/50

T91/241A

87

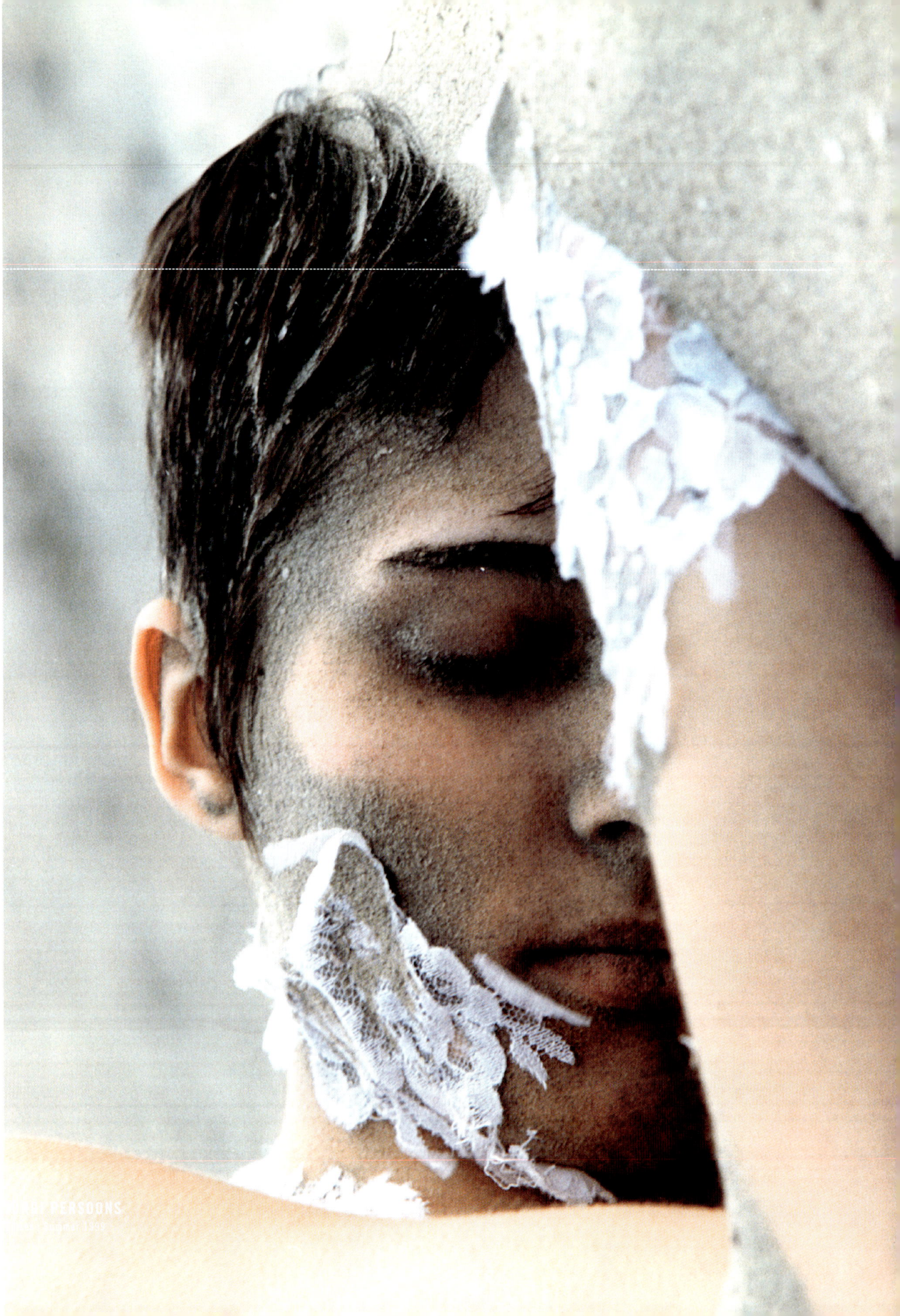
PERSOONS

T91/240
Stola in point de gaze naaldkant, 1900-1905
Stole in point de gaze needle lace, 1900-1905

90

dan honderd objecten zijn vier op maat gemaakte japonnen in kloskant en naaldkant. Behalve zulke objecten met 'museumkwaliteit' kwamen ook minder opmerkelijke archieven in de collectie terecht. Afstammelingen van twee Belgische kantfirma's uit het begin van de 20ste eeuw deden royale schenkingen. Van Jeanne Luig, die in Brussel en Aalst zaken deed, verwierf het museum het bedrijfsarchief en honderden negatieven op glas van belangrijke stukken kantwerk. Fanny Diercxsens-Aubergé (Turnhout) richtte in 1919 de kantfirma La Campinoise op. Uit de duizenden kantpatronen en ontwerpen en de handelscorrespondentie komt een levendig beeld tevoorschijn van het dagelijkse werk in een toenmalig kantbedrijf dat zijn productie afstemde op de behoeften van een veranderende samenleving. Deze bestanden vervolledigen de archieven uit de 18de en 19de eeuw die al in de jaren 1960, in het Sterckshof, bij de collectie waren gekomen. De sterke traditie van openweefselborduurwerk en kralenborduurwerk in de stad Lier kreeg in het verleden nooit veel aandacht. Lier is nochtans jarenlang een centrum geweest van kralenborduurwerk op kleding; en de Lierse damestasjes werden in de jaren 1950 en 1960 naar heel wat plekken ter wereld uitgevoerd, net zoals in de jaren 1920 de jurken met kralenborduurwerk voor Lier een belangrijke nijverheidstak vormden. In de loop der jaren werden archieven en objecten van verscheidene Lierse firma's in de collectie opgenomen. Het museum bezit een unieke verzameling 19de-eeuwse Cornély-Bonnaz-borduurmachines zoals die al in de jaren 1860 in Lier werden gebruikt.

Objecten in verband met het onderwijs bekleden in de museumcollectie een bijzondere plaats. Het gamma voorwerpen is zeer verscheiden. Ongeveer driehonderd merklappen en oefeningen voor naaitechnieken en steken illustreren de evolutie van het meisjesonderricht, van lessen in sierborduurwerk in de 17de en 18de eeuw tot degelijke technische opleidingen in kantvervaardiging en naaioefeningen aan het einde van de 19de eeuw. De verzameling toont ook de achteruitgang van vele oude technieken in het onderwijs van de tweede helft van de 20ste eeuw, toen zelfs het elementairste naaiwerk niet langer als bijvak opgenomen was in het programma van de lagere school. Technische lessen vereisten altijd gedetailleerde notities en schetsen, waar de leerlingen nog lang na de schooluren tijd aan moesten besteden.

designs plus business correspondence paint a vivid picture of the day-to-day working of a lace firm, adapting its production to the needs of a changing society. They complement the 18th- and 19th-century archives which had already entered the Sterckshof in the 1960s. The strong tradition of embroidered net and bead embroidery in Lier had not received much attention in the past, although it had been a centre for bead embroidery on costumes for a long period and Lier handbags found their way to many parts of the world in the 1950s and 1960s, as bead-embroidered dresses had been a mainstay of Lier production in the 1920s. Objects and archives from several Lier firms were acquired over the years. In addition, the Museum owns a unique collection of 19th-century Cornély-Bonnaz embroidery machines, which were used in Lier as early as the 1860s.

Items related to teaching take a special place in the collection. The range is very wide. About 300 samplers and exercises in sewing techniques and stitches show how the education of girls developed from decorative embroidery lessons in the 17th and 18th centuries to well-structured technical education in lace-making, embroidery and sewing at the end of the 19th century. The collection also shows the decline of many old techniques in the schools of the second half of the 20th century, when simple sewing ceased to be even a minor part of the primary school curriculum. Technical courses always entailed detailed note-taking and sketching, which kept the students busy long after regular school hours.

Weaving courses, a part of every textile engineer's education until the 1950s, provide good examples of painstaking teaching material. The oldest example dates from the 1820s and gives detailed instructions for jacquard silk weaving. Equally beautifully executed are the manuscripts written for lace and dressmaking courses.

Woven and printed fabrics are the base for most costumes and furnishings. Over the years archives from several weaving and printing mills, and one trimmings workshop, were often literally saved from the rubbish dump. They give unexpected insight into the design policies of firms, whose client base often rejected 'contemporary' design. Several art nouveau and art deco designs in the archives of the Turnhout mill of Vueghs never made it beyond the drawing-board. Ground-breaking designs that did reach the market are the hundred or

T98/27

T82/126

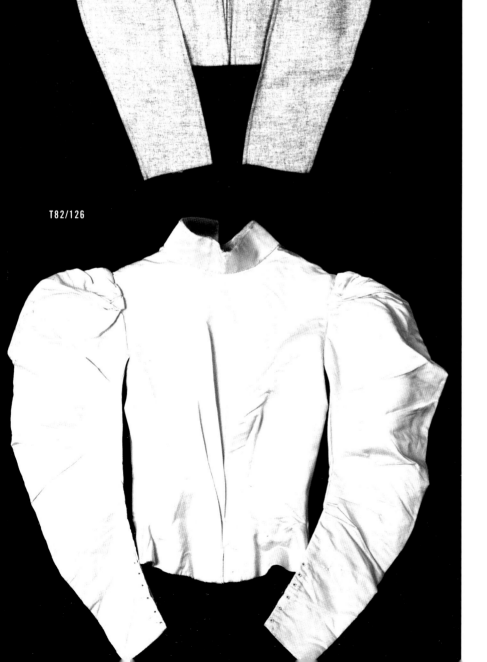

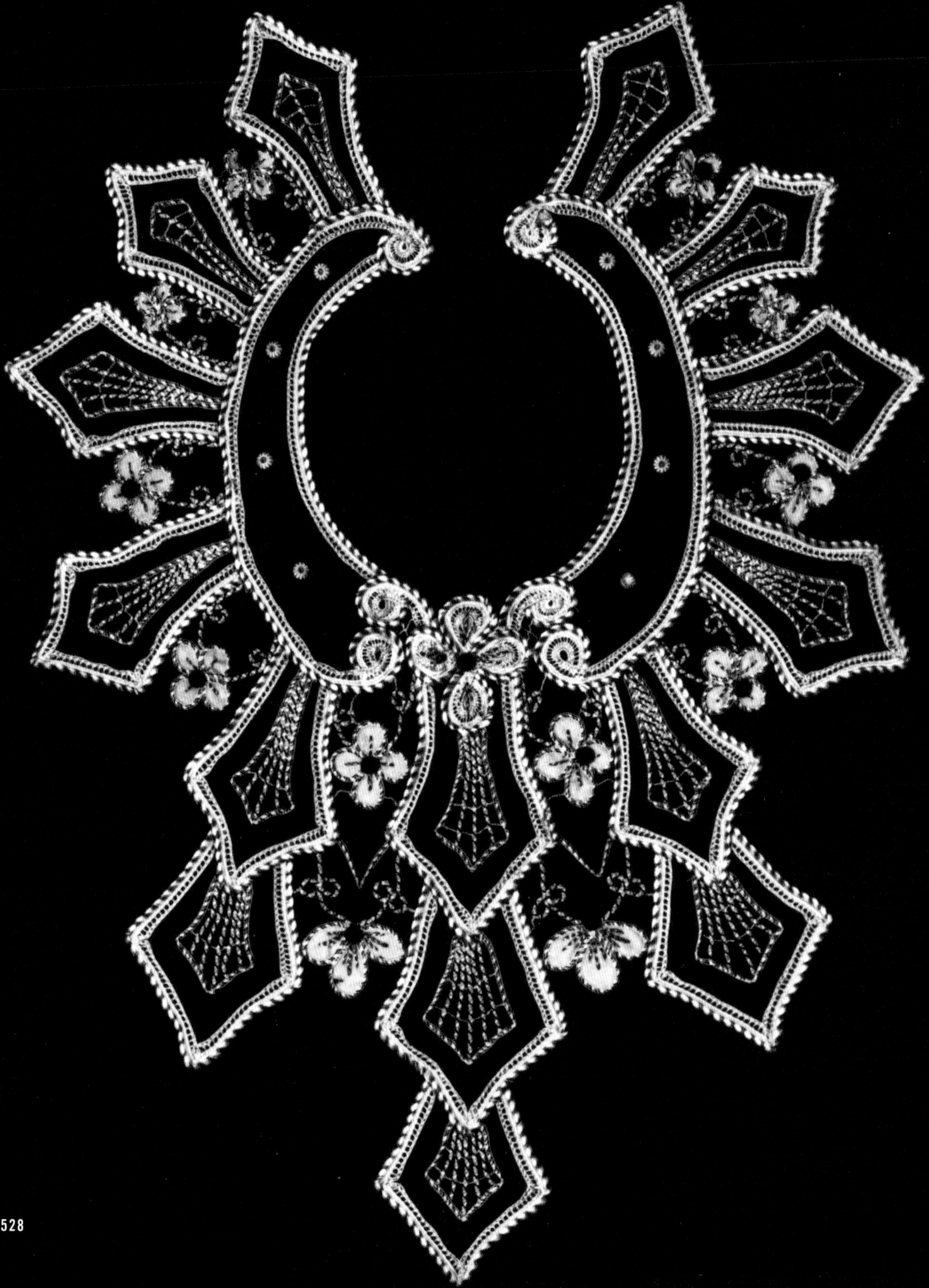

T95/528

Bindingsleer, tot in de jaren 1950 een vast onderdeel van de opleiding textieltechnicus, vormt een goed voorbeeld van zulk nauwgezet werk. Het oudste voorbeeld dateert uit de jaren 1820 en geeft gedetailleerde aanwijzingen voor het weven van zijde in jacquardtechniek. Eveneens prachtig zijn de manuscripten die in kant- en naailessen werden gemaakt.

Geweven en bedrukte stoffen vormen de basis van de meeste kledingstukken en interieurtoepassingen. Door de jaren werd het archief van verscheidene weverijen en textieldrukkerijen en van één passementatelier soms letterlijk gered van het stort. Deze documenten werpen een licht op de ontwerppraktijk van ondernemingen wier klantengroep vaak het 'moderne' design afwees. Heel wat art nouveau en art deco ontwerpen uit het bedrijfsarchief van de Turnhoutse weverij Vueghs kwamen nooit verder dan de tekentafel. Baanbrekende ontwerpen die wel tot bij het koperspubliek raakten, waren de ongeveer honderd stoffen die Jack Lenor Larsen tekende, en de even innovatieve ontwerpen voor stoffen van de Engelse firma Heals, waarvan er heel wat verkocht werden via winkels in Antwerpen in de jaren 1950, 1960 en 1970.

Om weefsels te vervaardigen zijn doorgaans werktuigen nodig. Het gereedschap voor manueel of semi-industrieel vervaardigd textiel is dikwijls zeer specifiek en het exacte gebruik ervan is vaak moeilijk te achterhalen, tenzij men goed op de hoogte is van de technische aspecten van de diverse textielambachten. In de 19de eeuw werden strengen mensenhaar in onderdelen van juwelen gevlochten; in het bijna helemaal verdwenen haarvlechtersvak werden grote verzwaarde klossen gebruikt. Het bepalen van de functie van elk klein werktuig in de inboedel van een Brussels passementatelier nam verscheidene jaren in beslag. De Cornély-Bonnaz-borduurmachines konden pas weer operationeel worden gemaakt dankzij de hulp van een van de weinige specialisten in België; hij gaf de museummedewerkers meteen een spoedcursus in het gebruik van de machines. Nagenoeg elke textieltechniek bezit mogelijkheden om op nieuwe en onverwachte manieren te worden herbruikt. Het bewaren van de kennis van oude technologieën slaat een brug naar de toekomst. Voor het documenteren van de collectie en ieder ander wetenschappelijk onderzoek is een degelijke gespecialiseerde bibliotheek onmisbaar. Ooit begon het textielmuseum met een enkele boekenplank in het kantoor van

so fabrics designed by Jack Lenor Larsen, and the equally innovative print designs from the English firm Heals, many of them distributed through stores in Antwerp in the 1950s, 1960s and 1970s.

Tools are the inevitable means for producing most textiles. Tools for handmade or semi-industrial production are often very distinctive; but unless one is well acquainted with the technicalities of the diverse textile techniques, their exact use is often hard to fathom. A number of large, weighted bobbins were used for the now almost totally extinct trade of hair-braiding. In the 19th century strands of human hair were braided into elements for jewellery. The contents of a Brussels trimmings workshop took several years of research before the use of every little tool could be established. The Cornély-Bonnaz embroidery machines could only be brought back into working condition after finding one of the few specialists in Belgium willing to help with their conservation, while at the same time giving members of the Museum staff a crash course in their use. Almost any textile technique has the potential to be reused in new and unexpected ways. Conserving knowledge of past technologies builds a bridge into the future.

Documenting the collection and conducting research are impossible without a good, specialized library. The Textile Museum started with one bookshelf in the curator's office. In twenty-five years it has grown into a library on textiles, costume and fashion on a European level.

FASHION MUSEUM

The widespread interest in fashion in the 1990s and the high international profile of young Belgian fashion designers inevitably led to a new focus for the Museum. Since the late 1990s the collection of contemporary fashion has been rapidly expanding, adding a new chapter to our society's involvement with textiles and costumes. By collecting what is relevant for our society, we are largely determining the image which our times will project into the future. For the historical collection the time has come to deepen our knowledge, and to make the objects more available to the public.

T4711
Drukblok, Katoendrukkerij Voortman Gent (1790-1890)
Printing block, Cotton-printing firm Voortman Ghent, Belgium (1790-1890)

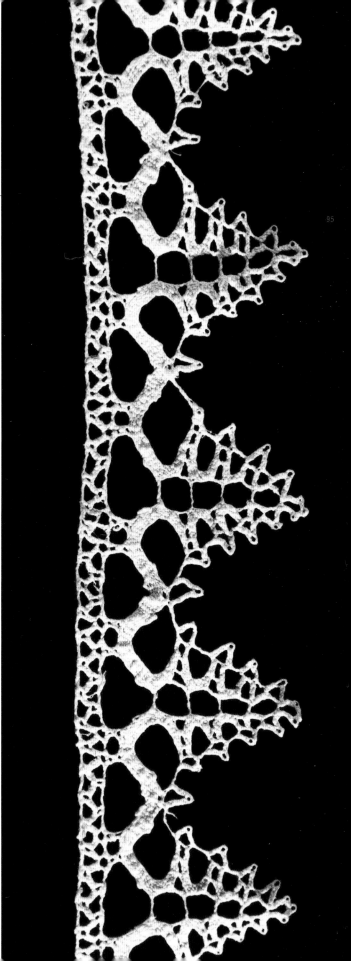

95

de conservator, vijfentwintig jaar later is dat boeken-
bestand aangegroeid tot een bibliotheek over textiel, kostuum en mode op Europees niveau.

MODEMUSEUM

De ruime belangstelling voor mode in de jaren 1990 en
de internationale faam van een aantal jonge Belgische
modeontwerpers leidden vanzelfsprekend tot een nieuwe
oriëntatie in het museum. Sinds de late jaren 1990
breidt de collectie hedendaagse mode zich snel uit, waardoor een nieuw hoofdstuk wordt toegevoegd aan de relatie
van onze samenleving met kleding en textiel. Door te
verzamelen wat relevant is voor onze samenleving,
bepalen wij in sterke mate het beeld dat onze tijd in de
toekomst zal oproepen. Het moment is rijp om onze kennis
van de historische collectie te verdiepen en de collectie
toegankelijker te maken voor het publiek.

HET VIRTUELE MUSEUM

Het grootste probleem van museumcollecties is de ontoe-
gankelijkheid ervan voor het publiek. Steevast wordt
slechts een deel van de verzameling uitgestald. Voor de
objecten zelf is dat gunstig, maar voor de bezoeker kan
het erg teleurstellend zijn dat hij of zij maar zo weinig
zaken te zien krijgt die met zijn of haar specifieke inte-
resse verband houden. Het aanleggen van een database
met digitaal beeldmateriaal kan dit euvel in grote mate
verhelpen. Ongeveer 5000 van de 15000 objecten van het
museumbestand zijn tot nog toe op computer gecatalo-
giseerd. Deze enorme taak voltooien is een prioriteit voor
de volgende jaren. Door de nog niet geautomatiseerde
gegevens van de oude steekkaarten te herstructureren en
er informatie aan toe te voegen, zullen zowel de bezoekers als de museummedewerkers ruimere toegang verkrij-
gen tot de onzichtbare basis van alle museumwerk: het
depot. Virtuele tentoonstellingen en interactieve media-
programma's kunnen dan tot de mogelijkheden gaan
behoren.

WAAROM‖TEXTIEL‖VERZAMELEN?

Mijn grote affiniteit met draden en weefsels leidde gaan-deweg tot een sterke voorliefde voor kostuums, textiel en ambachtelijke technieken uit vele culturen en tijden. Werken met een museumcollectie heeft me altijd veel genoegen verschaft - het is een onuitputtelijke bron van inspiratie, kennis en verwondering omtrent de mens achter het object. Een efemeer kledingstuk dat met veel zorg en/of liefde voor één bepaalde gelegenheid in een mensenleven wordt vervaardigd, kan de maker of de drager ervan eeuwenlang overleven. Emotioneel gezien zijn alle objecten in het museum overblijfsels van de mensen die ze maakten en gebruikten. Soms is de ge-schiedenis achter een kledingstuk haast even belangrijk als het object zelf. Maar dikwijls worden de geschiedenis-sen vergeten, soms gaan ze onherroepelijk verloren.

Rationeel bekeken vormen verzamelingen van objecten een soort archief, een geheel van materiële bewijsstukken die de geschreven en visuele bronnen aanvullen. Door toedoen van degene die dit bewijsmateriaal kan 'lezen', wordt het object mogelijk een getuige. Materiële aan-wijzingen die uit een onderzoek van het voorwerp naar voren komen, kunnen vertellen wanneer en waar en hoe het werd vervaardigd, en welke handelsnetwerken de pro-ductie ervan mogelijk hebben gemaakt. Een zorgvuldige analyse kan ons ook veel leren over de sociale en economische omstandigheden van de makers, de verko-pers en de gebruikers. Een wezenlijk deel van ons verleden is met textiel, kleding en de productie ervan ver-bonden. Niet alleen zijn de materiële getuigenissen van dat verleden waardevol op zichzelf, maar zij dragen ook een verborgen dimensie van het heden in zich. De collec-tie geeft als het ware een beeld van het heden in een achteruitkijkspiegel, een spiegel waar modeontwerpers doorheen kijken om de kleren van de toekomst te be-denken, waarin historici stappen om meer inzicht in onze eigen tijd te verwerven, en waar wij allen doorheen kun-nen kruipen via onze eigen wormgaatjes, om in verbin-ding te treden met mensen die in tijd en ruimte ver van ons verwijderd zijn.

Al te vaak wordt het alomtegenwoordige textiel door kun-stenaars en onderzoekers over het hoofd gezien. Maar het simpele feit dat wij allen van de wieg tot het graf in stof-fen gehuld zijn die ons lichaam omsluiten, maakt van

THE‖VIRTUAL‖MUSEUM

The main problem of museum collections is their inacces-sibility for the public. At any given time only a small part of the collection is on display. For the objects this is a positive thing, but for the public it can be very frustrat-ing that so few objects in their particular area of interest are on view. Creating a database with digital images will remedy this to a large extent. About 5,000 of the Museum's 15,000 objects have been catalogued on com-puter so far: finishing this giant task is a priority for the coming years. Rearranging the unstructured data of the old filing cards and adding information is an exciting challenge, which will enable public and museum staff to have better access to the invisible base of all museum work, the storage. Virtual exhibitions and interactive media programmes become a possibility.

WHY‖COLLECT‖TEXTILES?

A personal affinity for fibres and fabrics inevitably led me into a deep appreciation of costumes, textiles and manu-facturing processes from many areas and periods. Working with a museum collection has been a joy and a continuous source of inspiration, learning and wonder about the people behind the object. The most ephemeral costume, painstakingly and/or lovingly made for one occasion in a person's life, may long outlive the maker or the person it was intended for. On an emotional level, all the objects in the museum are relics of the people who made and used them. Sometimes the history behind the item is almost as important as the object itself. But often histories are lost, sometimes irretrievably. On a rational level, collections of objects are archives, material evid-ence complementing written and visual sources. For those who are able to 'read' this evidence, the object can become a witness. Examining the object for material clues can provide information about when and where something was made, what trade patterns made its manufacturing possible, how it was made.

Careful analysis can also teach us much about the social and economic circumstances of makers, distributors and users. A significant part of our past is linked with tex-tiles, clothing and their production. Material evidence of this past is not only valuable in itself, but is a hidden

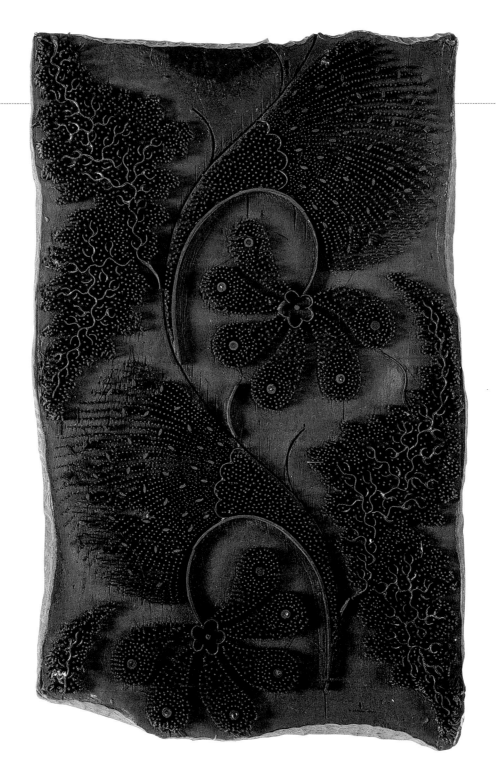

T4711
Drukblok, Katoendrukkerij Voortman Gent (1790-1890)
Printing block, Cotton-printing firm Voortman Ghent, Belgium (1790-1890)

kleding een bron van aantrekkingskracht, van esthetisch genoegen en verwondering voor iedereen die deze objecten wil bestuderen en ervan wil genieten.

dimension of the present. The collection provides a rear-view mirror of the present, a looking glass through which fashion designers see to devise the costumes of the future, into which historians step to deepen our understanding of our own times, and through which we can all find our own wormholes linking us with people who are removed from us in space or time.

The ubiquitous textile is often overlooked by artists or researchers. But the simple fact that we are all intimately wrapped in textiles from the cradle to the grave makes them a source of infinite appeal, aesthetic enjoyment and endless wonder for all who want to study and enjoy them.

Frieda Sorber
Conservator MoMu

Frieda Sorber
Curator MoMu

T3322
Merklap in kruissteek, 1845
Sampler with cross stitch, 1845

Geborduurde wikkelrok, Bernhard Willhelm, 2001
Embroidered wraparound skirt, Bernhard Willhelm, 2001

T88/127
Rokpaneel in lichtblauwe lampas, 1725-1740
Panel for a skirt, lampas, 1725-1740

T4264
Lancé satijn, 1735-1745
Brocaded satin, 1735-1745

T82/118
Corsage in roze en witte zijde, 1770-1800
Bodice in pink and white silk, 1770-1800

102

Weefatelier van het klooster Franciscanessen in Gooreind.
Een weefgetouw bevindt zich in de MoMu-collectie.
Weaver's workshop in the convent of Franciscan nuns in Gooreind.
There is a loom in the MoMu-collection.

T95/418
Japonversiering geborduurd met kralen en lovertjes, 1920-1930
Ornament for a dress, bead and sequin embroidery, 1920-1930

AF186
Gordijn in bedrukt katoen, 1800-1820, bruikleen Volkskundemuseum Antwerpen
Curtain in printed cotton, 1800-1820, long term loan Volkskundemuseum Antwerp

BO2/14
Hoed, 'Modular Podular', Stephen Jones, Londen, 1996
Hat, 'Modular Podular', Stephen Jones, London, 1996

B02/17
Hoed, 'Fulcrum', Stephen Jones, Londen, 1998
Hat, 'Fulcrum', Stephen Jones, London, 1998

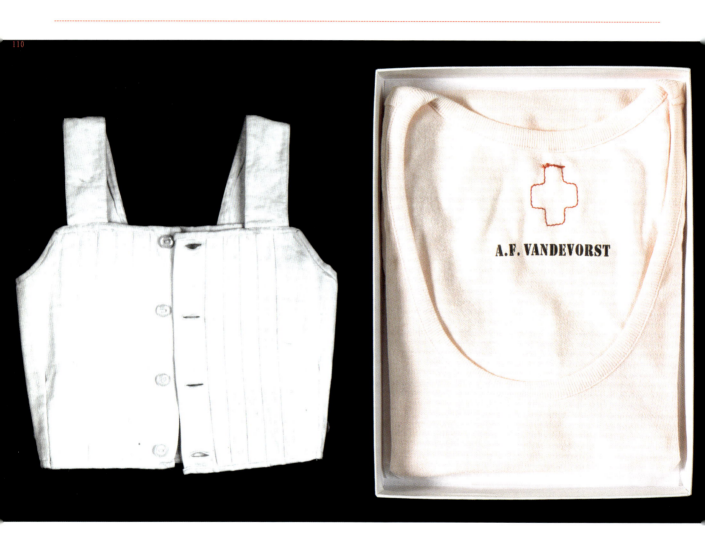

T80/225
Kindercorset
Children's corset

T98/51
Lingerie, A.F. Vandevorst, 1999

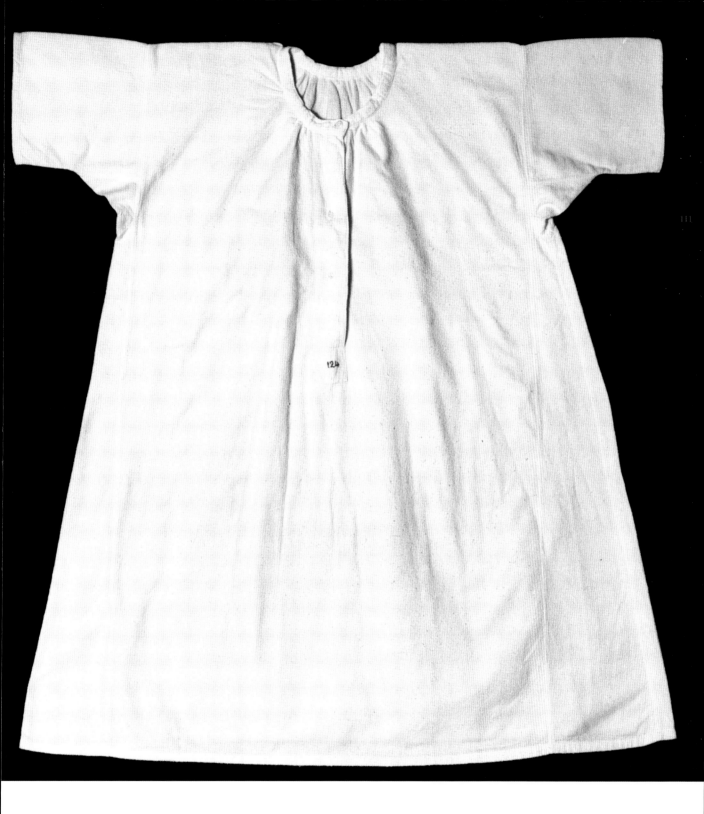

T00/177
Blouse in machinale kant, Dries Van Noten, 1990-2000
Blouse in machine lace, Dries Van Noten, 1990-2000

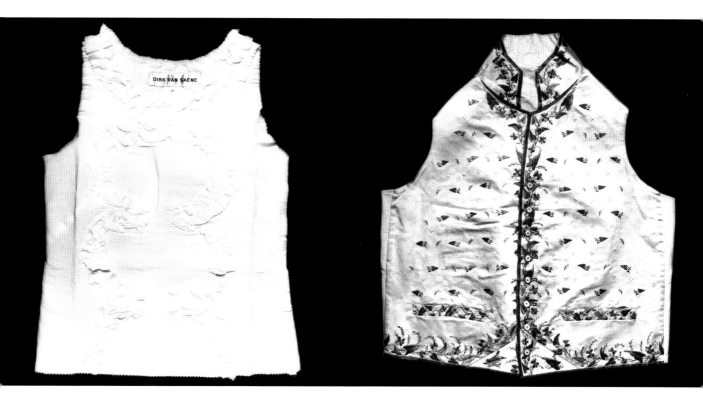

T98/68
Blouse in wit crêpe papier, Dirk Van Saene, 1999
Blouse in white crepe paper, Dirk Van Saene, 1999

AF55.47.2
Gilet in geborduurd wit satijn, 1790-1820, bruikleen Volkskundemuseum Antwerpen
Vest in embroidered satin, 1790-1820, long term loan Volkskundemuseum Antwerp

DRIES VAN NOTEN
Zomer | Summer 2002

HEDENDAAGSE SILHOUETTEN UIT DE MOMU-COLLECTIE
CONTEMPORARY SILHOUETTES FROM THE MOMU-COLLECTION

DRIES VAN NOTEN
Zomer I Summer 2002

ANNA HEYLEN
Winter 2002-2003

ERIK VERDONCK
Eindejaarscollectie I Graduate collection 1993

HAIDER ACKERMANN
Winter 2002-2003

HAIDER ACKERMANN
Winter 2002-2003

JURGI PERSOONS
Winter 1999-2000

A.F. VANDEVORST

Links I Left: Zomer I Summer 1999
Rechts I Right: Winter 2000-2001

A.F. VANDEVORST

Links I Left: Winter 2001-2002
Rechts I Right: Zomer I Summer 2002

DIRK VAN SAENE
Zomer I Summer 2000

WALTER VAN BEIRENDONCK
Links I Left: Winter 1999-2000
Rechts I Right: Winter 1997-1998 (W.&L.T.)

LIEVE VAN GORP
Boven links en onder: Zomer 2001 I Boven rechts: Winter 2000-2001
Top left and bottom: Summer 2001 I Top right: Winter 2000-2001

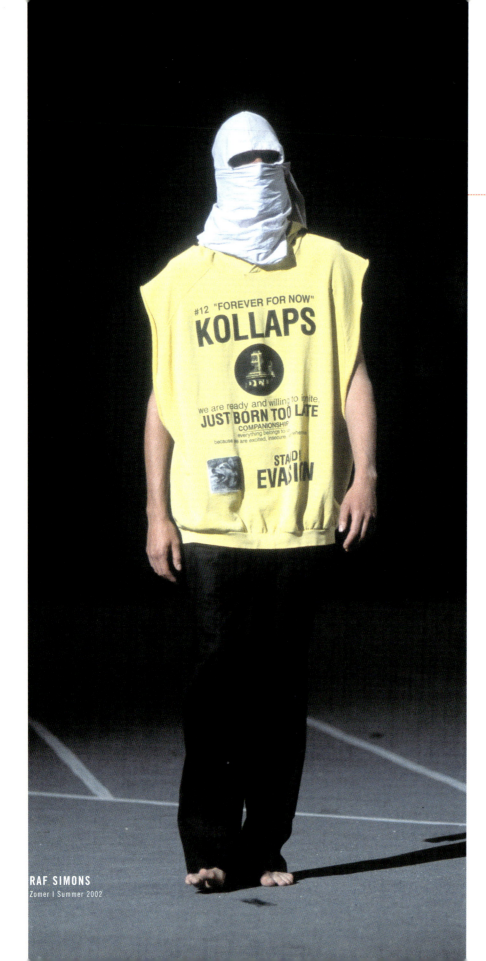

123

RAF SIMONS
Winter 1999-2000

DIRK BIKKEMBERGS
Zomer I Summer 2002

DIRK BIKKEMBERGS
Winter 2002-2003

ANN DEMEULEMEESTER
Boven: Zomer 2000 | Onder: Zomer 2002, Winter 2001-2002
Top: Summer 2000 | Bottom: Summer 2002, Winter 2001-2002

126

ANGELO FIGUS
Eindejaarscollectie | Graduate collection 'Cuore di cane', 1999

BERNHARD WILLHELM
Zomer | Summer 2001

Verzamelen

Collecting

EEN MUSEUM IS EEN PLAATS VAN CONTEMPLATIE, VAN bezinning, studie en rust. Kijken is er belangrijker dan luisteren, lezen of praten. Dat zal niet anders zijn voor het ModeMuseum. Want ook door te kijken naar kleding en textiel wordt een verhaal verteld over culturele identiteit, tijd en herkomst, over menselijke gedragingen en gewoonten, over tijdgeest. Kijken moet leiden tot studie en dialoog.

Het dragen van kleding geeft een mens een goed gevoel. Tenminste, als die kleding bij je past. Is dat niet het geval, dan treedt er onwennigheid op. Vraag is: hoe ga je te werk bij het kopen van kleren? Koop je omdat je gefascineerd bent door een kleur, een vorm, een beeld, een pasvorm, of laat je jezelf verleiden door een fotoreportage, een tv-spot of een film?
Concreet: hoe laat ik mij als intendant van het MoMu leiden en verleiden bij het samenstellen van de museumcollectie? Hoe ontstaat zo'n collectie? Eerst en vooral zijn er de collectiestukken die na elke modeshow gekocht of door ontwerpers geschonken worden. Verder zijn er toevallige vondsten in winkels, schenkingen van particulieren en archieven of reeksen geschonken door bedrijven of ontwerpers.
Wanneer ik aankoop voor de museumcollectie, laat ik mij leiden door een vorm, een kleur, een stof of een silhouet-opbouw. Een kledingstuk moet mij in de eerste plaats ontroeren, raken, boeien. In een tweede fase vertelt het kledingstuk een boeiend verhaal, door zijn textuur of door zijn bewerking, door zijn patroon of zijn kleurcompositie. Zullen de kledingstukken de eeuwigheid trotseren? Vertelt het kledingstuk een persoonlijk verhaal, dat van de ontwerper, zijn gemoedstoestand? Dit soort vragen stel ik mij. Het is niet voorspelbaar in welke context het object ooit zal belanden, in welke tentoonstelling, naast welke andere kledingstukken, met welke belichting en op welk tijdstip. Al deze onzekerheden maken de aankoop nog boeiender.
Onze collectie vertelt een verhaal van vijf eeuwen kleding. In dat verhaal wisselt niet alleen de opdrachtgever, maar ook de context. Van individuele opdrachtgever naar couturier, naaister, modeontwerper. Allen sluiten aan bij een geschiedenis geschreven in en rond onze stad.
Voor of na de show in de showroom of de kantoren binnenkomen en even in de wereld van de ontwerper binnen-

A MUSEUM IS A PLACE FOR CONTEMPLATION, REFLECTION, study and repose, a place where looking is more important than listening, reading or talking. MoMu is no exception. When we look at clothing and textiles a story emerges of cultural identity, time and our origins, human behaviour and customs, and the spirit of an age. Looking should lead to study and dialogue.

Wearing clothes makes you feel good - at least, if they fit well. If they do not, you will feel uncomfortable. The question is, how do you set about buying clothes? Do you buy because you are fascinated by a colour, a shape, an image, a pattern, or are you seduced by a press report with photographs, a TV advertising spot or a film?
In concrete terms, how, as chief curator of MoMu, do I allow myself to be guided or tempted in putting the Museum's collection together? How does such a collection come into being? First and foremost are the items in the collection which are bought after a fashion show or donated by designers. Then there are chance finds in the shops, gifts from private donors and archival stocks or sets of items given by companies or designers.
When I am buying for the museum collection I let myself be guided by shape, colour, fabric or silhouette construction. First, a garment must move, affect and enchant me. Second, it must tell an interesting tale through its texture or the way it is made, its pattern or its colour composition. Will such items of clothing stand up to the challenge of time? Does the garment relate a personal story about the designer, or his or her state of mind? These are the kinds of question that I ask myself.
One cannot foresee the exact context where the object will end up: in which exhibition we shall show it, along with which other garments, in what kind of lighting and at what point in time. All these uncertainties make the purchase even more interesting.
Our collection tells the story of five centuries of clothing. In that narrative the context as well as the customer varies. Individual clients, couturiers, seamstresses and fashion designers all come together in a history written in and around our city.
I love to visit showrooms or offices before or after a fashion show and enter the designers' universe. I am spoilt, too, since I must be the most modest client in the world. Ever since I began putting my purchasing policy into

COMME DES GARÇONS
Winter 2001-2002

treden, vind ik heerlijk. Als kleinste klant op de wereldbol word ook ik verwend. Dries Van Noten schenkt al vanaf de start van mijn aankoopbeleid enkele silhouetten per seizoen. Een genereuze geste. De ontwerpen van Dries zijn stuk voor stuk boeiend, zowel wat textiel als vorm en textielbewerking betreft.

Ook bij Bernhard Willhelm is het een lust voor het oog. Hier is het soms moeilijk kiezen wegens de overvloed van ideeën. Martin Margiela is een bron van informatie, een signatuur van twintig jaar onderzoek naar traditie en vernieuwing. Een grootmeester van wie elk ontwerp, van knoop tot blouson of mantel, visueel en inhoudelijk genot verschaft. Bij Ann Demeulemeester is de silhouetopbouw fascinerend. Ook bij haar is het moment van aankoop een feest. Een waar genot van materialen, een injectie van schoonheid.

In de archieven van een modeontwerper mogen kuieren en stukken mogen uitkiezen, is een prachtig moment. De vrij onbekende, maar daarom niet minder gewaardeerde modeontwerpster Madeleine Vionnet gaf het voorbeeld en schonk haar patronen aan het Musée de la Mode in Parijs ter bewaring. Zelf archiveerde zij elk kledingstuk met een vingerafdruk, een nummer en een foto. Raf Simons heeft zelf een zeer verzorgd archief maar schonk het Mode-Museum een reeks capes, blazers, hemden, T-shirts die furore maakten en een generatie jongeren plots modebewust maakten. Dirk Bikkembergs heeft een archief klaar liggen, ik moet het maar komen ophalen.

De collectie van Comme des Garçons werd vijfmaal getoond tijdens een defilé in Antwerpen in het kader van het modejaar *Mode 2001 Landed-Geland*, een project van Walter Van Beirendonck. Walter kon Rei Kawakubo, de ontwerpster van Comme des Garçons, overtuigen om de wintercollectie te tonen in Antwerpen tijdens de vijf maanden dat de tentoonstelling liep. Vijf locaties, vijf decors, vijfmaal een andere vormgeving: een historisch moment, een absolute erkenning van het ontwerperstalent van Kawakubo. Dankzij Eric Antonis en EU-Japan Fest Committee zullen zestien silhouetten in het MoMu-archief onderdak vinden. Een symbolische plaats voor een historisch moment. Want deze kledingstukken vertellen een verhaal, dat van *Mode 2001 Landed-Geland*. Ze bewaren eveneens de emoties die we koesteren als aandenken aan het wederzijdse respect. Bij kleding en collecties van modeontwerpers horen foto's, affiches, uitnodigingen,

practice, Dries Van Noten has given us several silhouettes every season, a very generous gesture. Every one of Dries's garments is captivating in fabric, form and craftsmanship alike.

Bernhard Willhelm also provides a feast for the eye. It can sometimes be difficult to choose from his designs because of his sheer wealth of ideas. Martin Margiela is a fount of information, a designer whose name represents twenty years' study of tradition and renovation, and a supreme master of the way in which every design, from button to blouse or coat, can provide visual and material pleasure. The construction of Ann Demeulemeester's silhouettes is fascinating, and the moment of buying from her is a delight too - her fabrics are such a joy, conveying so much beauty.

It is wonderful to be able to wander through a fashion designer's archival stocks and choose items. Madeleine Vionnet, a designer who may not be as widely known as some but is no less valued, set an example by giving the Musée de la Mode in Paris her patterns for safe keeping. She personally authenticated each garment with a fingerprint, a number and a photograph. Raf Simons has his own very well kept archives, but has given the Fashion Museum a line of capes, blazers, shirts and T-shirts that created a sensation and suddenly made a whole generation of young people aware of fashion. Dirk Bikkembergs has made an archival stock available to us, and I have only to collect it. The Comme des Garçons collection was shown five times in Antwerp during the year of fashion entitled *Fashion 2001 Landed-Geland*, a project devised by Walter van Beirendonck. Walter persuaded Rei Kawakubo, the Comme des Garçons designer, to show her winter collection in Antwerp during the five months the exhibition was on. It was displayed in five locations, with five different settings and in five different presentations: a historic moment marking the definitive recognition of Kawakubo's talent for design. Thanks to Eric Antonis and the EU-Japan Fest Committee, sixteen silhouettes will find a home in the MoMu stocks. It is a symbolic home for a moment in history, for these items of clothing tell a story, that of *Fashion 2001 Landed-Geland*, and, as mementoes of mutual respect, retain something of the emotion we feel for that occasion.

As well as clothing and the collections of fashion designers, the museum archives contain photographs, posters,

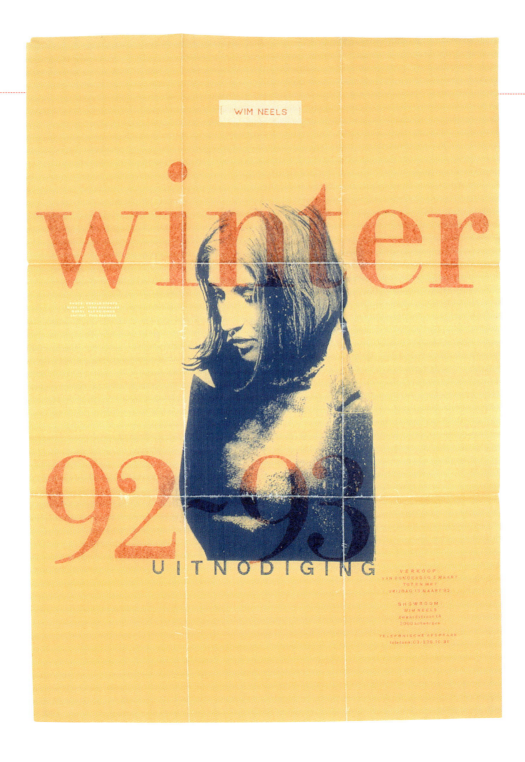

WIM NEELS
Uitnodiging I Invitation Winter 1992-1993

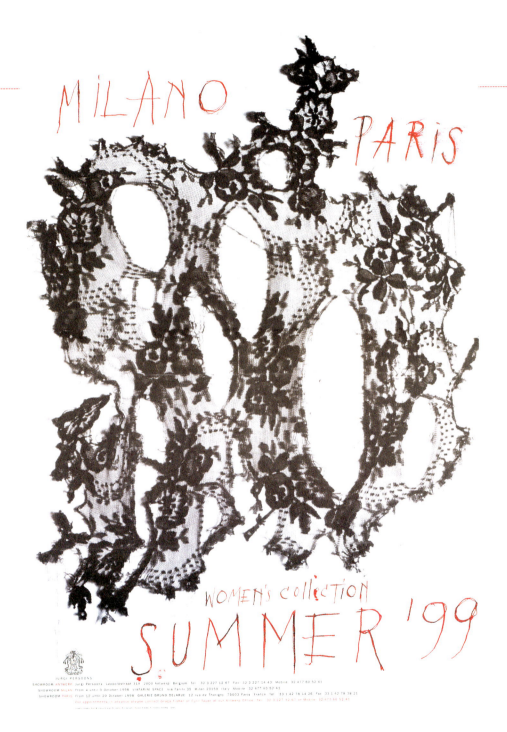

MILANO PARIS

WOMEN'S COLLECTION
SUMMER '99

JURGI PERSOONS

SHOWROOM ANTWERP Jurgi Persoons Leopoldstraat 31A 2000 Antwerp Belgium Tel 32 3 227 12 67 Fax 32 3 227 14 43 Mobile 32 477 60 52 41
SHOWROOM MILANO From 4 until 8 October 1998 VIAFARINI SPACE via Farini 35 Milan 20159 Italy Mobile 32 477 60 52 41
SHOWROOM PARIS From 12 until 20 October 1998 GALERIE BRUNO DELARUE 12 rue de Thorigny 75003 Paris France Tel 33 1 42 78 14 26 Fax 33 1 42 78 38 21
For appointments in advance please contact Greta Fieber or Eyn Teeat at our Antwerp office Tel 32 3 227 12 67 or Mobile 32 477 60 52 41

JURGI PERSOONS

Uitnodiging Zomer 1999 I Invitation Summer 1999

RAF SIMONS SHOW SPRING-SUMMER 1998 INVITATION

FRIDAY 4 JULY 1997 AT 9:30 PM   ESPACE DU GENIE DE LA BASTILLE   45, RUE DU FBG SAINT-ANTOINE   75011 PARIS   METRO BASTILLE

THIS INVITATION IS STRICTLY PERSONAL AND HAS TO BE SHOWN AT THE ENTRANCE

RAF SIMONS
Uitnodiging Zomer 1998 I Invitation Summer 1998

persmappen en video's van de evenementen en shows. Ook deze archieven zijn een bron van informatie voor de toekomstige bezoeker van het MoMu. Niet alleen niet-gedragen stukken vervolledigen het verhaal van de MoMu-collectie. De garderobe van een persoon bevat kleren die gedragen zijn en zo een persoonsgebonden relatie hebben en andere signalen geven dan een onge-dragen kledingstuk. Zo kreeg het museum bij het overlij-den van Christine Mathys haar kleerkast. Haar kleren vertellen over een periode in haar leven, een verhaal gekoppeld aan de collecties en de carrière van Van Noten, bij wie ze jaren werkte, haar reizen naar India, haar gemoedstoestanden, haar voorkeur voor bordeauxrood en voor bloembedrukkingen. Garderobes vertellen iets over de drager, het is zijn of haar levensverhaal.

En zo leggen wij een kleerkast aan, een patrimonium, consulteerbaar door musea en onderzoekers over heel de wereld.

invitations, press portfolios and videos of fashion shows and other events. These stocks also provide a wealth of information for future visitors to MoMu. Brand-new, unworn clothes are not the whole idea of the MoMu col-lection. A wardrobe of clothes that have been worn and thus have a personal relationship with the wearer gives signals different from those put out by a brand-new gar-ment. When Christine Mathys died, for instance, the Museum acquired her wardrobe. Her clothes bear witness to a certain period in her life, telling a story linked to the collections and career of Van Noten, with whom she worked for years, a tale of her travels to India, of her own feelings, and her liking for burgundy red and for flower prints. A person's wardrobe tells us something about the wearer and her life history.

And so we offer visitors the chance to see a whole range of clothes, a cultural heritage that can be consulted by museums and researchers all over the world.

Linda Loppa
Intendant MoMu

Linda Loppa
Chief curator MoMu

DRIES VAN NOTEN
Invitation Défilé Men's Collection Spring-Summer 1999

DRIES VAN NOTEN
Uitnodiging Zomer 1999 I Invitation Summer 1999

A.F. VANDEVORST

FIRST WOMEN'S COLLECTION WINTER 98-99

SHOW
THURSDAY 12 MARCH 1998, 5PM
L'UNION FRATERNELLE DES METALLURGISTES
SALLE DE CONFERENCE

94, RUE JEAN-PIERRE TIMBAUD, 75011 PARIS

METRO: COURONNES

SHOWROOM: FROM 13 UNTIL 17 MARCH 1998
C/O D.V.N.
3 BIS, RUE DU PLÂTRE, 75004 PARIS
TEL: 01-42.74.75.70

PRESS AGENT: SYLVIE GRUMBACH
13, RUE D'ABOUKIR, 75002 PARIS
TEL: 01-42.33.93.18 & FAX: 01-40.26.43.53

A.F.VANDEVORST
WOLFSTRAAT 26, 2018 ANTWERP, BELGIUM
TEL: 32-3-272.19.56 & FAX: 32-3-272.26.13

A.F. VANDEVORST
Uitnodiging I Invitation Winter 1998-1999

INVITATION

Martin Margiela

15 MARS 1995
17 hrs 30

AUTEUIL

MARTIN MARGIELA
Uitnodiging I Invitation Winter 1995-1996

DIRK VAN SAENE

Uitnodiging I Invitation Winter 1990-1991

Olivier Theyskens

OLIVIER THEYSKENS
Uitnodiging Zomer 1999 I Invitation Summer 1999

Olivier Theyskens

OLIVIER THEYSKENS
Uitnodiging I Invitation Winter 2001-2002

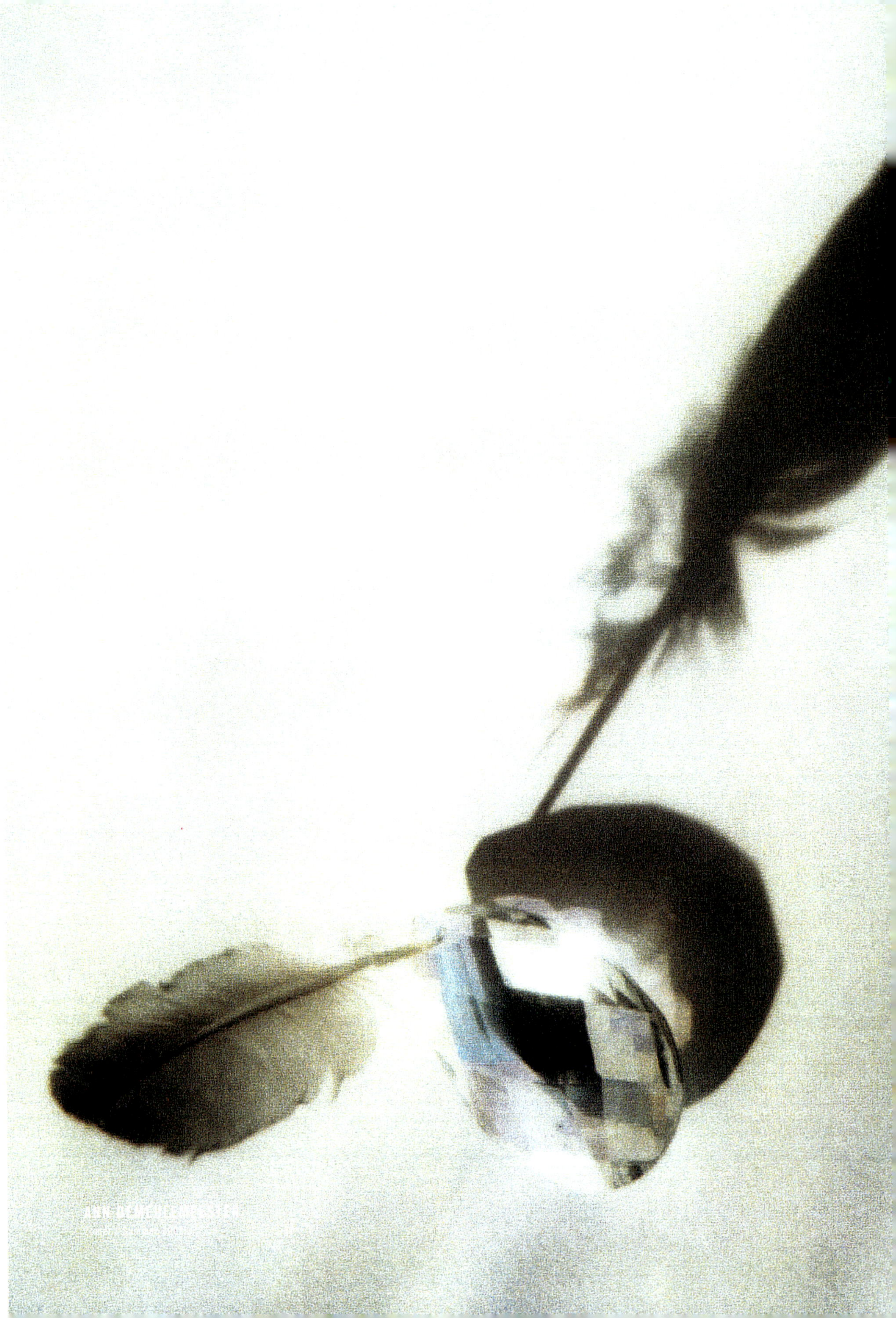

Ik droom van immense kosmologieën, gevat in een epigram... Ik zou graag een bundel verhalen uitgeven die maar uit één zin of zelfs uit één enkele regel bestaan. Maar een verhaal zoals dat van de Guatemalteekse schrijver Augusto Monterroso heb ik tot nu toe niet gevonden: 'Toen ik ontwaakte, was de dinosaurus er nog...'

Italo Calvino, *Six Memos for the Next Millennium*, uit 'Quickness'

I dream of immense cosmologies reduced to the dimensions of an epigram... I would like to edit a collection of tales consisting of one sentence only, or even a single line. But so far I haven't found any to match the one by the Guatemalan writer Augusto Monterroso: 'When I woke up, the dinosaur was still there...'

Italo Calvino, *Six Memos for the Next Millennium*, from 'Quickness'

Volgens mij is een object, op het moment dat het in een vertelling verschijnt, beladen met een speciale kracht en wordt het als het ware de pool van een magnetisch veld, een knoop in de structuur van onzichtbare relaties. Het symbolisme van een object kan meer of minder expliciet zijn, maar het is er wel altijd. We kunnen stellen dat in een vertelling ieder object altijd magisch is.

Italo Calvino, *Six Memos for the Next Millennium*, uit 'Quickness'

I would say that the moment an object appears in a narrative, it is charged with a special force and becomes like the pole of a magnetic field, a knot in the framework of invisible relationships. The symbolism of an object may be more or less explicit, but it is always there. We might say that in a narrative any object is always magic.

Italo Calvino, *Six Memos for the Next Millennium*, from 'Quickness'

Statement I

Statement I

1. GALERIES WORDEN GEASSOCIEERD MET DIRECTE ERVAring, impact, het zijn snelwerkende barometers, het tegenovergestelde van musea met hun reflectieve retrospectieve tentoonstellingen. Een presentatie in een kleine ruimte, een enkele zaal, dwingt de curator tot genadeloze selectie, het leggen van duidelijke verbanden, ofwel tot een fragmentarische benadering als sleutel tot een groter verhaal of tot weer een ander project.

2. Maar waar ligt dan het verschil tussen het beperkte, het volledige en het fragmentarische?

3. Ik heb altijd een voorliefde gehad voor korte literaire genres: aantekeningen, novellen, de potentiële literatuur van Jorge Luis Borges, manifesten, en de visuele tegenhangers daarvan zoals schetsen, verkleinde modellen, trailers, uitgewerkte en in het vooruitzicht gestelde maar nooit verwezenlijkte avant-gardistische architectuurontwerpen (een soort alternatieve stadslegenden of utopieën). Op modegebied is het krachtigste equivalent van die genres te vinden in Anna Piaggi's 'Fashion Algebra', een maandelijkse DP *(doppie pagine)* voor het Italiaanse *Vogue*, met catwalkfoto's naast uit boeken gescheurde afbeeldingen waar zij (volgens eigen zeggen) 'oppervlakkig' gethematiseerde collages van heeft gemaakt, sprongen in het verleden om de hedendaagse vormen van de mode te verhelderen.

4. Ik heb het gevoel dat ik me met potentiële tentoonstellingen van kleding bezig heb gehouden. De historische verwijzing in kleding houdt geen verband met evolutie of continuïteit. In kleding komt het oppervlak los van zijn geschiedenis.

5. Het maken van een tentoonstelling is als het opstellen van een nieuwe grammatica, van nieuwe tijds- en referentiepatronen. De leesbaarheid van objecten wijzigt zich. De eenvoud van het inhoudelijke parcours van tentoonstellingen, de overmijdelijke logica ervan, verbaast me iedere keer opnieuw. Anders dan taal en meer zoals de vele betekenissen van een spel tarotkaarten kunnen objecten achterstevoren en ondersteboven gelezen worden.

1. GALLERIES ARE ASSOCIATED WITH IMMEDIATE EXperience - with impact; like quick-acting barometers, as opposed to the reflective retrospective museum exhibition. When curating for a small space, for one room, it is about ruthless selection and the clarity of connections, or it is conceived as a fragment, a key to a larger story or a clue to a different project.

2. What then is the difference between the small, the complete and the fragment?

3. I have always loved short literary forms: notes, short stories, Borges's potential literature, manifestos and their visual counterparts, sketches, scaled-down models, trailers, the avant-gardes of architecture never built but promised and documented (as alternative urban histories or utopias). These find their most powerful equivalents in fashion in Anna Piaggi's *Fashion Algebra*, her monthly *doppie pagine* (double pages) for Italian *Vogue*, which consist of catwalk images juxtaposed with images torn from books and turned into 'superficial' (to use her phrase) themed collages, leaps into the past to illuminate contemporary fashionableness.

4. I feel as though I have been working on potential exhibitions of dress. Historical reference in dress has never been about evolution, continuity. There are other ways of plotting this. In dress, surfaces float free of their histories.

5. Curating is like creating a new grammar, new patterns of time and reference. The readability of objects shifts. I am constantly amazed at the simplicity of the routes taken in exhibitions, their inevitable logic. Unlike language, but more like the multiple meanings of a pack of tarot cards, objects can be read back to front and side to side.

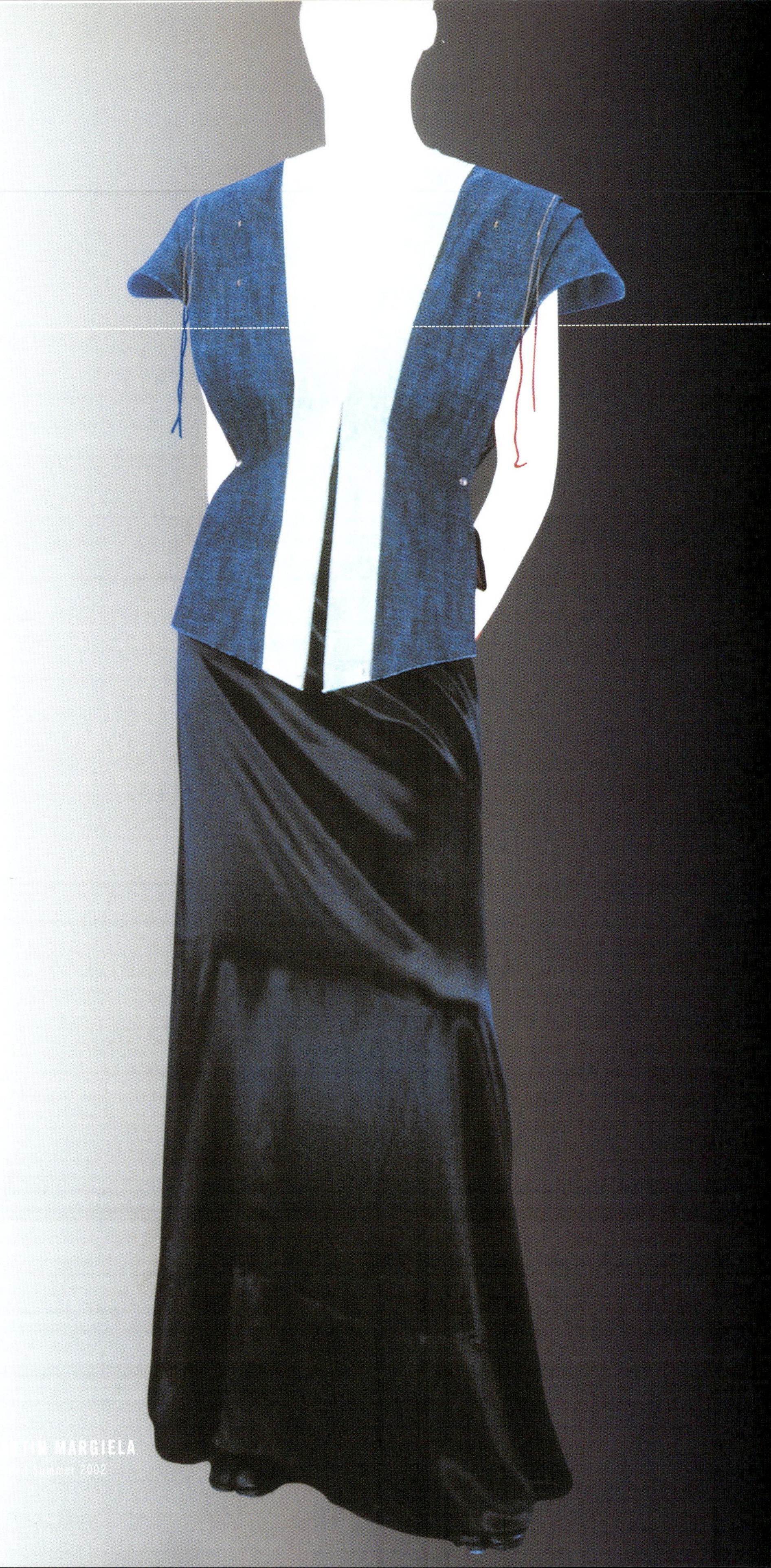

MARGIELA
Summer 2002

150

6. De antropomorfe verbeelding maakt kledingstukken magisch.

7. Het concipiëren van een tentoonstelling gaat over het scheppen van sympathetische banden tussen objecten die door associatie een disproportionele welsprekendheid krijgen.

8. Elk stuk wordt dan bekleed met het ruimtelijke equivalent van uitroeptekens.

9. De eerste kledingtentoonstelling die ik gemaakt heb, *Satin Cages*, in 1997, was een hypothetische presentatie van hoepelrokken. De tentoonstelling van verkleinde modellen van crinolines (1:50) was ondergebracht in een model van balsahout dat zelf gebaseerd was op een hypothetisch ontwerp van de Russische visionaire architecten Brodsky en Utkin. Het project resulteerde in een drie minuten durende film die in de Architecture Foundation in Londen werd vertoond - het was zogezegd een opname van de tentoonstelling, hoewel natuurlijk in miniatuur gefilmd, met een begeleidende folder die een zorgvuldige nabootsing was van de folders van het Victoria & Albert Museum, met concrete gegevens over plaats en data, werkwijze en selectie.
Het idee was: te ontwerpen voor een economische recessie. In zekere zin is mijn werk nog altijd een extensie van dat idee.

10. Ik heb de voorbije vijf jaar doorgebracht binnen de begrenzing van de kleine galerieruimte (4 x 9m) - mijn galerieruimte in Londen, Judith Clark Costume Gallery: twintig tentoonstellingsfragmenten, met de presentatie van ten hoogste vijftien kledingstukken en soms slechts één enkel stuk. Culturele verscheidenheid was belangrijker dan consistentie; zo werd ruimte gereserveerd voor de Remote Control Dress van Hussein Chalayan, toen de galerie een speelplaats voor kinderen was, en evenzeer voor de ijsjuwelen van Naomi Filmer, toen de galerie een koelkast moest zijn, voor de Urban Camouflage van Adelle Lutz, in de galerie als bouwplaats, en voor de kostbare japonnen van Madeleine Vionnet, toen de galerie een museumzaal was.

6. Anthropomorphic imagination makes clothes magical.

7. Curating is about creating sympathetic allegiances between objects, investing them through association with a lop-sided eloquence.

8. Each piece is then invested with the spatial equivalent of exclamation marks.

9. The first exhibition of dress I curated, *Satin Cages*, 1997, was a hypothetical exhibition of crinolines. The exhibition of scaled-down crinolines (1:50) was housed in a balsa wood model, itself based on a hypothetical project by Russian visionary architects Brodsky and Utkin. The outcome was a three-minute film exhibited at the Architecture Foundation in London - supposedly of the exhibition, though of course filmed in miniature, with a leaflet commentary carefully mimicking those from the V&A Museum stating dates, venue, policy and selection. The idea was of designing for a recession. In a way my work is still an extension of that idea.

10. I have spent the last five years within the confines of the small space (four metres by nine metres) of the gallery I set up in London, Judith Clark Costume Gallery: twenty exhibition fragments, displaying as many as fifteen garments and as few as one. Cultural range was privileged over consistency, so equal space was devoted to Hussein Chalayan's Remote Control Dress, when the Gallery was a child's playground, Naomi Filmer's ice jewellery, when it had to be an ice box, Adelle Lutz's Urban Camouflage, when a building site, or Madeleine Vionnet's precious gowns, when a room in a museum.

11. Het idee was de aandacht te vestigen op het tentoon-stellingsproject zelf, het concept van de curator, op Calvino's onzichtbare netwerk van verwantschappen. Kleine tentoonstellingen waren dan tevens fragmenten van grotere tentoonstellingen.

12. Ik maakte een nogal opvallende inaugurale hardback-catalogus, die ver boven de financiële mogelijkheden van de galerie lag. De foto's van Mat Collishaw werden, de-cadent in feite, wel in de catalogus en niet in de tentoon-stelling opgenomen, waardoor het boek meer een soort hypothetische catalogus bij een museumpresentatie werd. De intentie was - zoals nadien bij het inschakelen van Pentagram voor het design van het tijdschrift en bij het uitnodigen van Harold Koda om de tentoonstelling van Adelle Lutz in te leiden - te werken met een 'vergro-tingsapparaat', een manier om met schaalverschillen te spelen.

13. Ik stel belang in de verwantschap tussen het maken van tentoonstellingen en het afwijken, en in de afdwalen-de verbanden die bezoekers leggen.

14. Hoe zou het aanvoelen om de Laurence Sterne van de modecuratoren te zijn, en vrij te zijn de draad te ver-liezen?

11. The idea was to draw attention to the curatorial pro-ject itself, to Calvino's invisible network of relationships. Small exhibitions were then also fragments of larger exhi-bitions.

12. I created a rather ostentatious hardback inaugural catalogue - way beyond the resources of the Gallery. The photographs by Mat Collishaw were used decadently in the catalogue and not shown in the exhibition. It was therefore more like a hypothetical catalogue to a museum show. The intention - like recruiting Pentagram later to design the journal, or inviting Harold Koda to introduce Adelle Lutz's exhibition - was a magnifying device, a way of playing with scale.

13. I am interested in the relationship between curating and digression, in the connections made by the visitors who stray.

14. What would it be like to be the Laurence Sterne of fashion curators, to be free to lose the thread?

WALTER VAN BEIRENDONCK
Zomer I Summer 1988

Statement II

Statement II

ALS CONSERVATOR VAN HET MUSEE DE LA MODE IN Marseille verzamel ik beroepshalve kledingstukken en mode.

Mijn aankoop- en tentoonstellingspolitiek zijn sterk bepaald door de geschiedenis van het nog recente museum, dat bij de oprichting in 1989 het eerste Europese museum was met als doelstelling een collectie op te bouwen met uitsluitend kleding uit de tweede helft van de 20ste eeuw. Daardoor ademt het museum een zeer hedendaagse sfeer.

Ook de geografische ligging van het museum speelt een rol: wij hebben een ander publiek dan de Parijse, Londense en New Yorkse musea, en Marseille is gerenommeerd over het hele Middellandse-Zeegebied. Hiermee werd rekening gehouden bij de samenstelling van de collectie: ze is sterk op de strandmode gericht en omvat een uitgebreide collectie badpakken en strandkleding.
De taak van een conservator bestaat onder meer in het maken van moeilijke keuzes omtrent het inhoudelijke en het pedagogische aspect van zijn of haar collectie. Wat willen wij doorgeven? Wat te behouden van de mode: het buitengewone qua ontwerp en vakmanschap, of het gewone, door voor dagelijkse kleding te kiezen, of het toonaangevende, waarbij vooral belang gehecht wordt aan voorwerpen die tijd en gewoonte kunnen trotseren? Is het überhaupt mogelijk met enig inzicht terug te blikken op de voorbije twintig jaar, laat staan op de voorbije twee seizoenen?

Die vragen lijken mij voor de mode nog meer aan de orde dan voor de klassieke domeinen van de kunst: schilderkunst, beeldhouwkunst, architectuur, meubeldesign - kunsttakken die vanouds erkend zijn en een legitieme waarde hebben. Bij de mode is dat laatste minder het geval. Wij maken in onze westerse cultuur een onderscheid tussen de artistieke schepping, het kunstambacht en de industrie, en wij situeren de mode niet direct als 'grote kunst' bovenaan in de rangorde van de culturele waarden.

Een museum van de mode dient niet louter een geschiedenis van tendensen te weerspiegelen, maar zou moeten aanzetten tot een bredere reflectie over de band met de

AS CURATOR OF THE MUSEE DE LA MODE IN MARSEILLE I collect and exhibit clothes and fashion professionally.

My exhibition and acquisition policy choices are much influenced by the history of the museum itself, which is of recent date. At the time it was set up, in 1989, the museum was the first in Europe to hold a collection of clothes exclusively from the second half of the 20th century, thus declaring its interest in a highly contemporary subject.

The museum's geographical situation is also important, first because its visitors are not exactly the same as those who frequent the museums of Paris, London and New York, and second because Marseille exerts an influence over the whole Mediterranean region. This aspect was taken into account when the collections were formed. Fashions for seaside resorts feature prominently, and we have acquired a large stock of bathing suits and beach outfits.
The crucial interest of the curator's job lies in the difficulty of making choices with educational and cultural factors in mind. What do we want to pass on? What aspects of fashion do we wish to preserve: clothes that are exceptional for their creativity and/or their craftsmanship, ordinary everyday garments, or only signpost items likely to resist the ravages of time and wear and tear? What do we see when we look back at the last twenty years or the last two seasons?

These questions seem to me more relevant in the field of fashion than in the classic fine arts: painting, sculpture, architecture, cabinet-making and design have been 'recognized' for centuries, and have a legitimate claim to prestige. The claim of fashion is less clear; Western society, drawing a distinction between artistic creation and craftsmanship and industry, has not immediately promoted it to the rank of a major art in the scale of cultural values.

A museum of fashion is not just the illustration of a simple history of trends, but should stimulate wider reflections: the relationship of fashion to other contemporary arts (from painting to electrical goods by way of music), its role and place in society (the economic value of fash-

andere hedendaagse kunsten (van de schilderkunst, over de muziek, tot de elektrische apparatuur), de rol en positie van de mode in de samenleving (de economische betekenis van de mode), het beeld van het lichaam en van het decor, de invloed van technische en technologische vooruitgang...

Een erg verrijkend en feitelijk onmisbaar element in de reflectieve benadering van mode en kleding is de samenwerking met docenten en studenten geschiedenis, sociologie, psychologie (de observatoren) en met de mode- en textielontwerpers (de producenten, uitvoerders en verdelers van de mode), die soms een uiterst verscheiden achtergrond hebben. Zij dragen bij tot de ontwikkeling van concepten inzake de overdracht van dat levende patrimonium in de starre museale ruimte.

ion), body image, decoration, and the influence of technical and technological progress.

Work with teachers and students is essential to the extension of our thinking about fashion and clothing. This work involves historians, sociologists, psychologists (who are observers), and above all the creators (designers, producers and distributors) of fashion and textiles, some of them from very different backgrounds. It is thanks to them that we can develop concepts of the transmission of this living heritage in the permanent setting of a museum.

Sylvie Richoux
Conservator
Musée de la Mode, Marseille

Sylvie Richoux
Curator
Musée de la Mode, Marseille

DRIES VAN NOTEN
Zomer I Summer 1999

156

MAISON MARTIN MARGIELA
voor I for Museum Boijmans Van Beuningen, Rotterdam, 1997

Statement III

Statement III

OPEENS WAS HET ER. EEN SPINNENWEB ONDER DE RECH-teroksel. De ruimte tussen lijf en arm had onbedoeld een constructieve invulling gekregen in de vorm van een vangnet van een dikke, vette spin. Wie denkt dat de museale omgeving vrij is van ongedierte, heeft het mis. De spin wist wel beter. Juist de wigvormige ruimte tussen de Ierse trui en de katoenen stockman-mouw was een ideale fuik voor fruitvliegjes, motjes en ander vliegend ongedierte. Motten? De spin had een strategische plaats ingenomen en wachtte geduldig de loop der dingen af.

Sinds een aantal jaren besteedt het Museum Boijmans Van Beuningen aandacht aan mode. Een schervenvestje van Martin Margiela was een eerste voorzichtige aanzet die een brug sloeg van aardewerk serviesgoed naar kledij. Het voorwerp was nog maar pas vol enthousiasme bin-nengehaald of Maison Martin Margiela werd benaderd voor een tentoonstelling. Mode en vooral prêt-à-porter was een hot item, alleen was er in de Nederlandse musea nauwelijks iets van te ontdekken.
De vraag aan Margiela om in totale vrijheid een expositie te bedenken, resulteerde in een verrassend idee. Pro-blemen van licht, stof en luchtvochtigheid werden als niet relevant verklaard. In plaats van conservatorische discussies over beheer en behoud te voeren, werd er gezocht naar een concept dat mode binnen een museale context in een nieuw daglicht zou stellen. Door te kiezen voor kopieën werden alle voorziene en onvoorziene proble-men in één klap omzeild. Op maagdelijk witte outfits werd bovendien een voedingsbodem aangebracht waarop de prachtigste schimmels tot volle wasdom konden komen. En omdat deze kleding vervolgens niet binnen, maar in de museumtuin werd tentoongesteld, alleen te zien vanuit het aan Margiela toegewezen paviljoen, ontstond een geruchtmakende tentoonstelling. Radicale mode op een radicale manier gepresenteerd. Ruimte scheppend voor een ontroerend spinnetje dat een overvloed van prooien in zijn net kon vangen omdat ze in groten getale afkwamen op het stinkende en soms ook rottende textiel.

Deze eerste zet op het terrein van de mode was voor het museum een grote stap, die gepaard ging met veel dis-cussie. De tweede werd een waar feest, georganiseerd en geregisseerd door Walter Van Beirendonck. Zijn tentoon-stelling kwam voort uit zijn nauwe samenwerking met

THERE IT WAS ALL OF A SUDDEN. A SPIDER'S WEB IN THE right armpit. The space between body and arm had unin-tentionally acquired constructional infilling in the form of a cobweb spun by a large, fat spider. Those who believe that museums are entirely free of noxious pests are mis-taken. The spider knew better. The wedge-shaped space between the Irish pullover and the sleeve of the cotton stockman's top was an ideal trap for fruit-flies, small moths and other flying creatures. Moths? The spider had taken up a strategic position and was keeping patient watch to await developments.

For a number of years the Boijmans Van Beuningen Museum (Rotterdam) has taken an interest in fashion. A patchwork waistcoat made of shredded plates by Martin Margiela was the first cautious step, bridging the gap between earthenware crockery and clothes. The subject of whether to approach Maison Martin Margiela for an exhi-bition had only just come up, and was enthusiastically welcomed. Fashion, and especially *prêt-à-porter* was hot news, although hardly regarded as something for display in the museums of the Netherlands.
The request to Margiela to put on an exhibition in which he would be given a free hand resulted in a surprising idea. Problems of light, dust and humidity were declared irrelevant. Instead of discussing the management and conservation of exhibits, the organizers sought a concept that would reposition fashion in the museum context. The decision to show copies instead of originals solved all problems, foreseen and unforeseen, at a single stroke. A medium on which fine examples of moulds would grow and flourish was applied to virginal white outfits. And since the items were subsequently exhibited not indoors but in the museum garden, to be viewed only outside Margiela's pavilion, the exhibition was a sensation: rad-ical fashion presented in a radical way. It gave house-room to a dear little spider whose web caught plenty of prey, creatures found in great numbers on the stinking and sometimes decaying textiles.

This first venture into the field of fashion was a great step for the Museum, and was accompanied by much dis-cussion. The second exhibition, organized and curated by Walter Van Beirendonck, was a real joy. His exhibition was the result of his recent collaboration with Marc Newson.

Marc Newson. De Australisch-Engelse ontwerper bedacht een shop-in-shopconcept dat gerealiseerd werd in het voormalige prentenkabinet. De verrijdbare kasten werden gevuld met de laatste mode van W.&L.T. Een van de muren van het museum werd gesloopt en vervangen door een glazen etalage waarlangs etalagepoppen met zuignappen omhoog klommen. En in plaats van suppoosten waren er jonge verkopers die de bezoekers hielpen bij het ontdekken van de collectie. Zo ontstond er een echte W.&L.T.-shop waar jong en oud konden kijken, keuren en kopen. Oude dames hesen zich in doosvormige jassen. Jonge vaders kochten voor hun zoontjes T-shirtjes met brommende autogeluiden. Een jonge travestiet wurmde zich zelfs in een elfenjurkje. Wederom geen conservatorische discussies maar avontuur.

Deze twee tentoonstellingen hebben, hoe kon het ook anders, een weerslag gehad op de collectie. Van beide bovengenoemde ontwerpers zijn talrijke kledingstukken en vaak ook hele silhouetten aangekocht, maar ook van andere Belgische en Japanse ontwerpers zijn stukken in de verzameling terechtgekomen. Het avontuurlijke dat aan de tentoonstelling ten grondslag lag, heeft bij de collectie plaatsgemaakt voor klassieke museale opvattingen inzake beheer en behoud.

Een van de gevaren van het tonen van mode in een museum zoals Boijmans Van Beuningen, waar kunst en vormgeving primeren, schuilt erin dat mode verward wordt met kunst. Mode is in mijn ogen geen kunst. Waarom niet, omdat mode geen autonome pretenties heeft. Wel artistieke, gelukkig maar, want dat maakt de mode nu juist zo interessant. Mode beweegt zich langs dezelfde paden als design, waarbij vorm en concept, vraag en aanbod, productie en marketing een cruciale rol spelen. Een museum kan er zich vandaag de dag niet aan onttrekken inzicht te verschaffen in die realiteit. Mode in een museum is meer dan een kwetsbaar kledingstuk op een paspop.

The Anglo-Australian designer came up with the concept of a shop within a shop, located in the former prints room. The movable cabinets were filled with the latest fashions from W.&L.T. One of the walls of the museum was knocked down and replaced by a glass shop window up which fashion dummies climbed, clinging on with suction pads, and instead of museum attendants young salesmen and salesgirls helped visitors to look around the collection. The place became a genuine W.&L.T. shop where young and old could look, examine the clothes and buy. Old ladies tried on boxy jackets. Young fathers bought T-shirts that could make loud car noises for their sons. A young transvestite wriggled into an elfin dress. Yet again, no solemn discussion by curators, but what an adventure.

These two exhibitions - how could it be otherwise? - have had repercussions on the collection. Many items of clothing, and sometimes whole silhouettes, have been bought from the designers mentioned above, and pieces by other Belgian and Japanese designers have also found a place in the collection. The adventurous concept behind those first exhibitions has been superseded by a more classical museum approach to the management and conservation of stocks.

One of the dangers of exhibiting fashion in a museum like the Boijmans Van Beuningen, where art and design take priority, lies in confusing it with art. To my mind, fashion is not art because it has no pretensions to autonomy, although its artistic and felicitous elements are what make it so interesting. But fashion moves along the same paths as design, in which form and concept, supply and demand, production and marketing play a crucial part. A modern museum cannot withdraw from the light of day to get an insight into reality. Fashion in a museum is more than a vulnerable piece of clothing on a tailor's dummy.

Thimo te Duits

Conservator Moderne Kunstnijverheid en Vormgeving

Museum Boijmans Van Beuningen, Rotterdam

Thimo te Duits

Curator Modern Decorative Art and Design,

Museum Boijmans Van Beuningen, Rotterdam

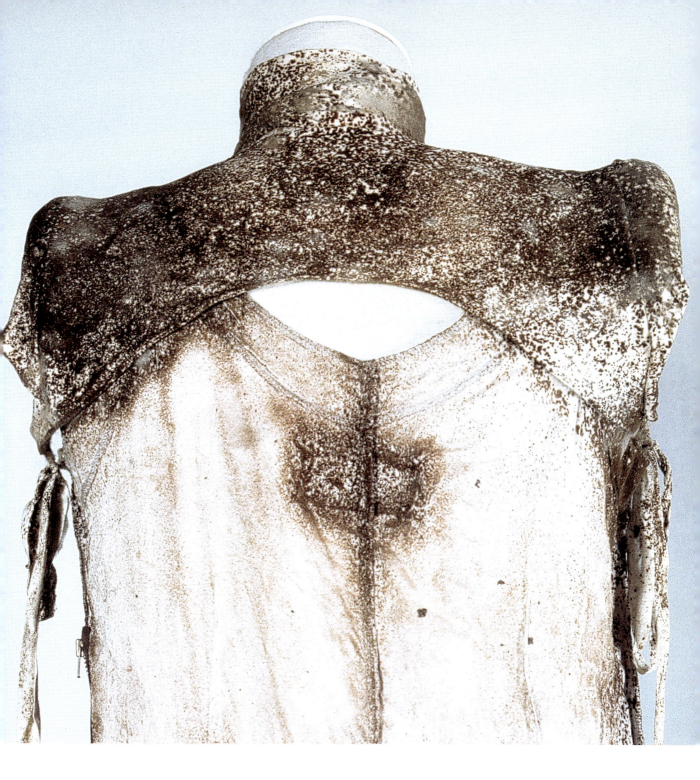

MAISON MARTIN MARGIELA
voor I for Museum Boijmans Van Beuningen, Rotterdam, 1997

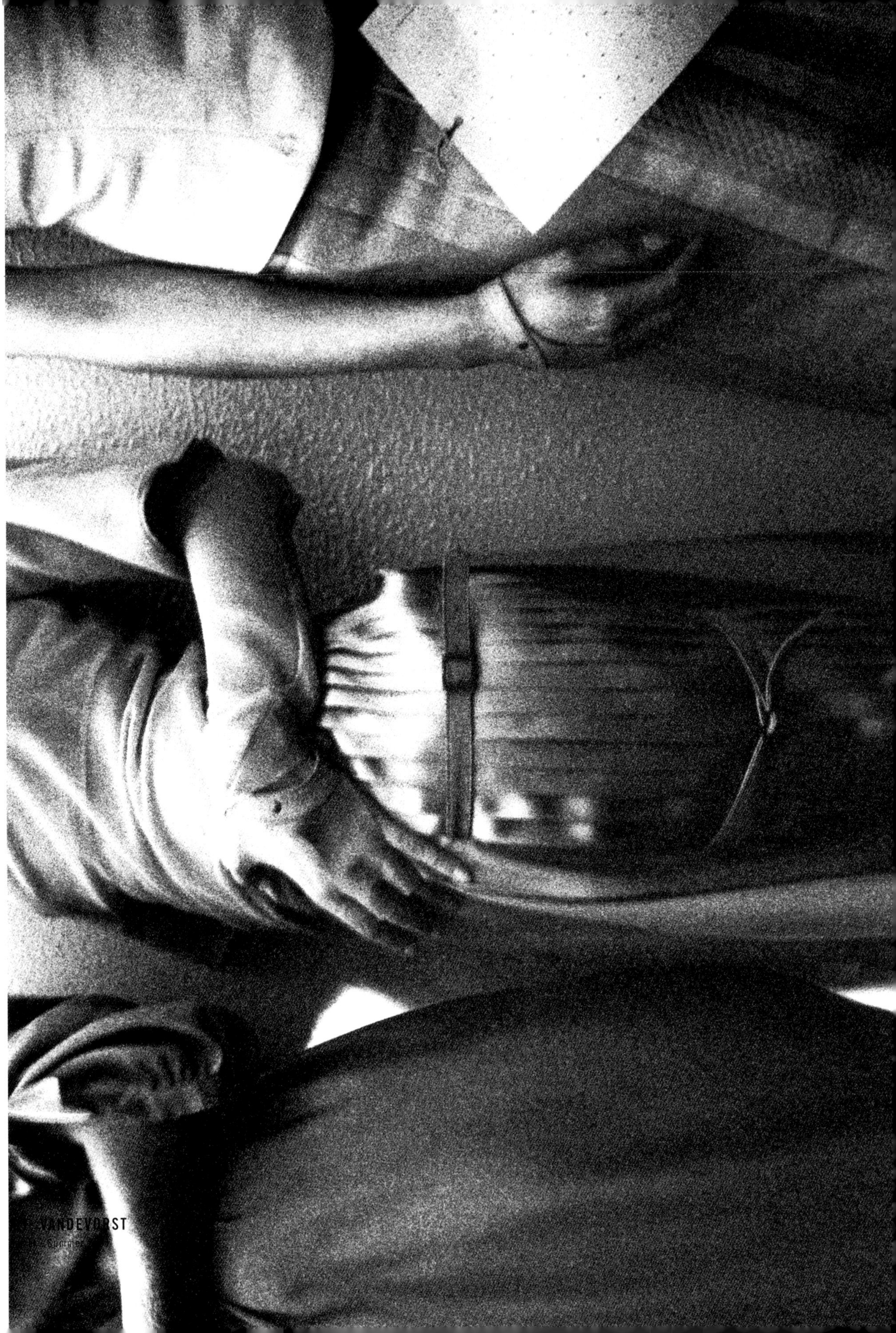
VANDEVORST
Summer

Statement IV

IN EEN BIJDRAGE VOOR *THE SPECTATOR* VAN 8 SEPTEMBER 1712 opperde de Engelse journalist Sir Richard Steele schertsend het idee van een modemuseum:

'Er werd voorgesteld een bewaarplaats te bouwen voor modes... met legplanken waarop dozen zouden moeten staan, naast elkaar op een rij zoals boeken in een bibliotheek. De dozen zouden uitklapbare deurtjes moeten hebben die, eens geopend, een kleine figuur zouden tonen, gekleed volgens een mode die ooit in zwang is geweest en staande op een voetstuk met een opschrift dat de periode aangeeft waarin deze mode heerste... En opdat die zaken met alle nodige zorg bewaard zouden kunnen worden, zou men een conservator moeten aanstellen, een heer die kan bogen op een gedegen kennis van kleren; alzo zal deze betrekking ruim in het levensonderhoud voorzien van een of andere beau die zijn hele erfenis aan kleding heeft opgemaakt.'

Als hoofdcurator en directeur van het museum van het Fashion Institute of Technology (FIT) ben ik de dankbare begunstigde van precies zo'n betrekking, en dus ben ik het er helemaal mee eens dat modemusea een charitatieve rol vervullen. Los daarvan blijft echter de vraag: waarom zouden in een museale context kleren verzameld worden?

Musea bezitten kostuumverzamelingen om diverse redenen, want elk museum heeft zijn eigen opdracht. In het museum van het Fashion Institute of Technology werd begonnen met het bijeenbrengen van kledingstukken om studenten en professionele ontwerpers informatie- en inspiratiebronnen aan te bieden. Vandaag is onze opdracht, als instituut, kleding en textiel te verzamelen en te conserveren voor educatieve doeleinden en tentoonstellingen. Niet alleen worden de kleren en het textiel in tal van cursussen gebruikt en is de collectie het voorwerp van onderzoek, jaarlijks worden in het museum ook vijf grote exposities gehouden, van retrospectieven rond ontwerpers zoals Halston en Norell, tot thematische tentoonstellingen zoals *The Corset: Fashioning the Body* en *Red*.

De museumcollectie omvat meer dan 50000 kledingstukken, van de 18de eeuw tot vandaag, met als zwaartepunt de 20ste-eeuwse haute couture, en ook meer dan 30000

Statement IV

WRITING IN *THE SPECTATOR* (SEPTEMBER 8, 1712), THE English journalist Sir Richard Steele facetiously suggested the idea of a fashion museum:

'It was proposed to have a repository builded for fashions ... filled with shelves, on which boxes are to stand as regularly as books in a library. These are to have folded doors, which being opened you are to behold a baby dressed out in some fashion which has flourished, and standing upon a pedestal, where the time of its reign is marked down... And to the end that these may be preserved with all due care, let there be a keeper appointed, who shall be a gentleman qualified with a competent knowledge of clothes; so that by this means the place will be a comfortable support for some beau who has spent his estate in dressing.'

As the chief curator and acting director of The Museum of the Fashion Institute of Technology (FIT), I am the grateful recipient of just such a position, so I quite agree that fashion museums serve a charitable function. Apart from that, however, the question remains: Why should a museum collect clothes?

Museums collect clothes for different reasons, because each museum has its own mission. The Museum at FIT began collecting clothes to provide information and inspiration for students and design professionals. Today our mission as an institution is to collect and conserve clothing and textiles for purposes of education and exhibition. In addition to using clothing and textiles in a variety of courses, and permitting the collections to be used for research purposes, the museum mounts five major exhibitions a year, ranging from retrospectives of designers, such as Halston and Norell, to thematic exhibitions, such as *The Corset: Fashioning the Body* and *Red*.

The museum owns more than 50,000 garments, ranging from the 18th century to the present, with particular strength in 20th-century high fashion. There are also more than 30,000 textiles and 250,000 textile swatches. The criteria for collecting focus on aesthetic and historical significance. We look for representative work by important designers, such as Yves Saint Laurent, and, specifically, for examples of the designers' best and/or most influential work. Almost every important fashion designer

stoffen en 250000 textielstalen. Esthetische en historische relevantie vormen de belangrijkste criteria bij het samenstellen van de collectie. Wij zoeken naar representatieve creaties van vooraanstaande ontwerpers, zoals Yves Saint Laurent, en in het bijzonder naar voorbeelden van het beste en/of invloedrijkste werk van deze couturiers. Bijna alle toonaangevende modeontwerpers zijn in de collectie vertegenwoordigd, van Armani, Balenciaga en Chanel tot Westwood, Yamamoto en Zoran.

Terwijl een kunstmuseum met een kostuumcollectie meestal sterk op haute couture gefocust is, omdat deze creaties het dichtst bij mode-als-kunst aanleunen, bezit het museum van het FIT ook *prêt-à-porter* en voorbeelden van populaire mode zoals een met de hand geborduurde

is represented, from Armani, Balenciaga and Chanel all the way through Westwood, Yamamoto and Zoran.

Whereas art museums that collect clothing tend to focus on haute couture, which may be regarded as the closest thing to fashion-as-art, The Museum at FIT also collects *prêt-à-porter*, as well as examples of vernacular clothing, such as a pair of hand-embroidered blue jeans from the 1960s, which reveal a great deal about the culture of the era. An ensemble that exemplified a subcultural style such as punk or hip hop would be of great interest to us. Unlike many history museums, we do not restrict ourselves to the clothing of the past (although we do also collect historic pieces), but rather emphasize contemporary fashion.

VERONIQUE BRANQUINHO
Zomer | Summer 2002

jeansbroek uit de jaren 1960 - een veelzeggende uiting van de cultuur van die periode. Wij zullen bijvoorbeeld veel waarde hechten aan een ensemble dat de stijl van een subcultuur zoals punk of hiphop illustreert. In tegenstelling met veel geschiedkundige musea beperken wij ons niet tot de kleding uit het verleden. Wij leggen de nadruk op de hedendaagse mode, al verzamelen wij ook historische stukken.

Terwijl in The National Museum of American History vooral aandacht wordt besteed aan de kleding van de gewone mens, en in The Museum of the City of New York uitsluitend objecten worden verzameld die door New Yorkers vervaardigd of gedragen zijn, spitsen wij ons in het museum van het FIT toe op 'toonaangevende' stijlen die bepalend zijn voor modetrends of die belangrijke culturele en esthetische stromingen in de samenleving veruitwendigen.

De curatoren en conservators van het FIT onderzoeken nauwgezet de conditie van de objecten alvorens ze in de collectie op te nemen: een prachtige jurk in erbarmelijke staat zullen wij wellicht niet aankopen. Wij hechten daarentegen niet veel belang aan de herkomst, een gegeven dat voor geschiedkundige musea wel sterk meetelt. Ten behoeve van de studenten en ontwerpers wordt speciaal gelet op interessante ontwerpdetails in kledingstukken en accessoires. Ons kernpubliek heeft bijvoorbeeld aandacht voor het metalen beslag op een handtas of voor de manier waarop een mouw gemaakt is. Het grote publiek is misschien minder gevoelig voor zulke ontwerpdetails maar het kan bij een bezoek aan onze tentoonstellingen niettemin veel opsteken over de kledij van mensen in het verleden en in andere culturen, en over het werk en de visie van de topontwerpers van vandaag.

Whereas The National Museum of American History focuses on the clothing of the 'average' person, and The Museum of the City of New York collects only objects made or used by New Yorkers, The Museum at FIT looks for 'directional' styles that set fashion trends or exemplify important cultural or aesthetic movements in society.

The curators and conservators at FIT look carefully at the condition of objects proposed for accession. A beautiful dress in such poor condition that it could not be displayed is unlikely to be acquired. On the other hand, we are much less concerned about provenance, which history museums emphasize heavily. In order to serve students and designers, we also focus on garments with interesting design details. The hardware on a handbag, for example, or the construction of a sleeve is very important to our core audience. Members of the general public may be unaware of design details, but by visiting our exhibitions, they can learn about what people wore in the past and in other cultures, and what cutting-edge designers are doing today.

Valerie Steele

Hoofdcurator en directeur

The Museum of the Fashion Institute of Technology, New York

Valerie Steele

Chief curator and acting director

The Museum of the Fashion Institute of Technology, New York

REPRODUCTION D'UN VÊTEMENT
D'UNE GARDE - ROBE DE POUPÉE-
(Finitions et disproportions
se retrouvent a taille humaine)

GARMENT REPRODUCED FROM
A DOLL'S WARDROBE.
(Details and disproportions are
reproduced in the enlargement)

Statement V

Statement V

IK ZAT OP DE GROND TUSSEN ALLEMAAL KLEREN, KLEINE kleertjes. Een jasje had een kraag in bruin fluweel. Het sloot met drie reusachtige, totaal bovenmaatse knopen. Op een witsatijnen jurk schitterden enorme rode lovers. Vijf jaar was ik. Mijn moeder, die naaister was, had een hele garderobe gemaakt voor iemand die ging cruisen. Met de restjes naaide zij replica's voor mijn pop.

Toen ik voor het eerst het werk van Martin Margiela opmerkte, ging er een schok van herkenning door me heen. Hij had zich voor zijn eigen collectie laten inspireren door poppenkleertjes - 'met inachtneming van elk detail en elke wanverhouding' - en daarenboven bleek hij het vermogen te bezitten om de eigenaardigheid en de kracht van kledingstukken, de melancholische en seksuele geladenheid ervan over te brengen. Om het ons vooral niet makkelijk te maken, toonde hij die kleren op de onmogelijkste locaties, waardoor hij ons dwong onze notie van 'couture' en 'modeshow' te herzien.

Verzamelen, technieken toelichten, de chronologische geschiedenis van de mode vertellen, dat is wat modemusea doorgaans graag doen, om de collectie op haar best aan de wereld te tonen. Een experimenteel museum van ideeën is misschien niet de eerste opdracht van mijn museum, het Victoria & Albert, maar dat aspect kan wel deel uitmaken van ons werk. Ik zou de bezoekers graag de blaadjes tonen die wij in de vestzak van een kostuum uit de jaren 1910 gevonden hebben, of de vlekken op een ander pak, of zelfs, ooit op een dag, het DNA van degene die het kledingstuk gedragen heeft en wiens genetische afdruk in de vezels achter is gebleven.

De inhoud van het museum vormt een enorme, langzaam veranderende, tijdloze tentoonstelling, met kledingstukken die opgeborgen worden, andere die te voorschijn worden gehaald en nieuwe stukken die de collectie aanvullen. Elk nieuw kledingstuk wijzigt lichtjes het evenwicht van de collectie, wijzigt de geschiedenis. Hoe meer wij het museum openstellen voor nieuwe ideeën, voor nieuwe manieren om mode te benaderen, des te meer leeft het. Mode en kleding zijn de toevoerbaan naar een levende vorm van expressie. Mensen zijn wat kleding boeiend maakt en mode is wat ons echt doet leven.

I WAS SITTING ON THE FLOOR SURROUNDED BY CLOTHES. The clothes were all very small. One jacket had a brown velvet collar. It fastened with three huge buttons, totally out of scale. Another white satin dress had enormous red sequins scattered over it. I was five years old. My mother, a dressmaker, had been commissioned to make a wardrobe of clothes for someone going on a cruise. With the scraps she made replicas for my doll.

When I first became aware of the work of Martin Margiela I had a shock of recognition. It wasn't just that he had made his own collection inspired by dolls' clothes - 'every detail and disproportion respected' - but that he had the ability to communicate the strangeness and power of clothes, their melancholy and sexuality. Making life difficult for us, he showed these clothes in the most impossible locations, forcing us to reassess notions of 'couture' and the catwalk.

Most fashion museums like to collect, to explain techniques, to narrate a chronology of fashion, to show their best face to the world. An experimental museum of ideas is not perhaps the first remit of my museum, the V&A, but it can be part of our work. I would like to show people the leaves we found in the pocket of a walking suit worn in the 1910s, the stains on another, and even, one day, the DNA of its wearer caught in the fibres of a garment.

The contents of this museum constitute an enormous, slowly changing, timeless exhibition, with some clothes being put away, others taken out, new ones added. Each new garment changes the balance of the collection slightly, changes history. The more we open our doors to new ideas, new ways of approaching fashion, the more alive the museum will be. Fashion and clothes are the conduit to a living form of expression. People are what make clothes interesting and fashion is what makes us alive.

Claire Wilcox
Modecurator Victoria & Albert Museum, Londen

Claire Wilcox
Curator of Fashion, Victoria & Albert Museum, London

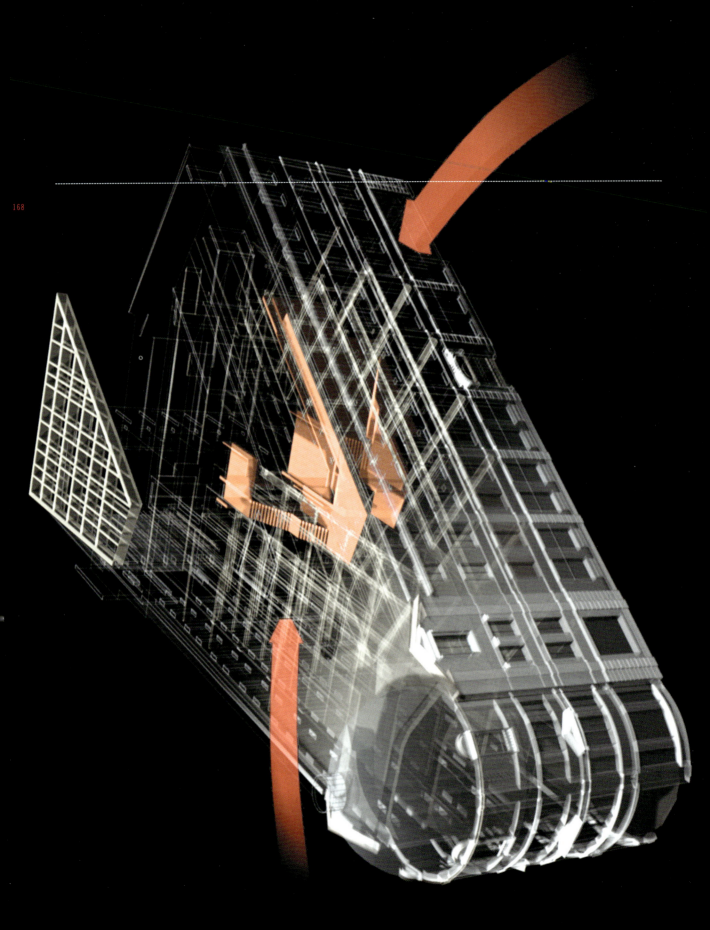

HET OUDE PAND WAAR VANDAAG DE MODENATIE HUIST, IS een gebouw dat volop de stedelijkheid viert. Dat was al zo bij de oprichting ervan, toen Parijs nog het stralende voorbeeld was in de architectuurmode. De Nationalestraat werd aan het einde van de 19de eeuw 'op z'n Parijs' aangelegd als een rechte en moderne verbinding tussen de binnenstad en het nieuwe Zuid. Op een van de taartpunten langs die would-be boulevard werd in 1894 het monumentale Hotel Central opgetrokken. Naar het voorbeeld van grootstedelijke 19de-eeuwse architectuur kwamen er een bolle kopgevel, veel lijsten en frontons, en een kloeke koepel, kortom stedelijke koketterie op maat van de ijdelheid van Antwerpen.

Toen de verbouwing begon om de ModeNatie in dit pand te huisvesten, was er eerst flink wat werk om alle vluchttrappen, overkappingen, tussenvloeren en bijgebouwen te ruimen die er inmiddels bijgekomen waren. Architecte Marie-José Van Hee wilde immers als principe de oorspronkelijke toestand opnieuw vrijwaren om de heldere basisstructuur van het gebouw in ere te herstellen. De twee vleugels langs beide straten en de rotonde op de hoek worden bijvoorbeeld gedragen door uiteenwijkende kolommenrijen, en vandaag spelen die opnieuw een hoofdrol als de ritmerende elementen in de binnenarchitectuur van tentoonstellingszalen, kantoren en ateliers.

Naast deze ogenschijnlijk vanzelfsprekende herstelingrepen, heeft Van Hee ook een groot gebaar verricht. Geen loos gebaar, want het betekent in de eerste plaats voor de stedelijke publieke ruimte een waardevolle toevoeging. Dwars door het bouwblok waar de ModeNatie staat, is er voortaan een publieke doorgang, doordat de nieuwe brede ingangen in beide straatgevels aan weerszijden in verbinding staan via een grandioze tussenruimte. De vroegere binnenplaats werd met een beglaasd dak overdekt en vormt nu een intermediaire ruimte tussen binnen en buiten. Op een terughoudende maar zeer toegankelijke manier heeft Van Hee aldus de relatie met de stad geactualiseerd. Dankzij een indrukwekkend opgebouwde trappenpartij komen de toegangen van alle activiteiten in de ModeNatie uit op deze ene centrale ruimte. Doorzichten op uitgekiende plaatsen zorgen er bovendien voor dat het beeld van het atrium overal in het gebouw aanwezig is. Zo vormt dit atrium echt het hart van het gebouw van de ModeNatie.

MODENATIE IS ACCOMMODATED TODAY IN A BUILDING THAT fully celebrates urban life in Antwerp. It did so already at the time of its construction, when Paris still set the tone for fashionable architecture. Nationalestraat was built at the end of the 19th century 'in the Parisian style', as a direct, modern link between the city centre and the new southern part of Antwerp. The monumental Hotel Central was built in 1894 on one of the corner sites along this would-be boulevard. Following the example of 19th-century grand metropolitan architecture, this building featured a convex façade, many cornices and pediments, and a heavy dome - in short, it was a grandiose building reflecting the vanity of Antwerp.

When conversion of the premises for ModeNatie began, a considerable amount of work went into clearing away all the flights of steps, ceilings, mezzanine floors and annexes that had by now been added. The architect Marie-José Van Hee made it her basic principle to return to the original state of the building, retaining and respecting the clarity of its basic structure. For instance, the two wings running along both streets and the rotunda at the corner are borne by a remarkable row of columns, and today these columns once again play an important part as elements in the rhythm of the Museum's internal architecture, structuring the arrangement of exhibition halls, offices and studios.

Besides apparently obvious renovation measures, Van Hee also made a grand gesture. Not an empty gesture, for the main idea was to provide a fitting addition to the city's public places. There is now a public thoroughfare running diagonally through the block where the ModeNatie stands, with a handsomely proportioned courtyard linking the new wide entrances on both sides of the façades facing the streets. The old courtyard has been covered with a glazed roof, forming an intermediate area between inside and outside. Van Hee has thus expressed the relationship of the building to the city in a restrained but very approachable manner. Access to all activities in ModeNatie is up an impressively constructed staircase leading from this one central area. Ingeniously devised views ensure that the image of the atrium is always present in the building as a whole. This atrium is thus the real heart of the ModeNatie building.

De architectuurtaal van Van Hee heeft steeds haar eigen weg gevolgd en heeft weinig affiniteit met de neomoderne tendensen van de hedendaagse Vlaamse architectuur. Het atrium van de ModeNatie getuigt van die volhardende eigenheid. Terwijl de halve architectenwereld een glazen dakconstructie zo licht, dun en onzichtbaar mogelijk probeert te maken, heeft Van Hee juist het tegendeel bedacht: een fors balkenraster met subtiele onregelmaat. Haar voorliefde voor degelijk materiaalgebruik uit zich in de warme gloed van de massieve merbau bekleding van de treden en de wanden in het atrium. Het ontwerp van de trappenberg zelf, met tussenniveaus, uitkijkposten, vernauwingen en passages is een karakteristiek meesterstuk. Het toont de door en door driedimensionale aanpak van haar architectuur en gaat ongetwijfeld ook terug op zuiderse bergroutes en klimmende stegen.

De architectuur van de ModeNatie schuwt opzichtigheid maar is verre van onopmerkelijk. De uitgesproken ontwerptaal van Van Hee draagt er tevens zorg voor 'dat je huis je helpt om goed te functioneren', zoals een van haar opdrachtgevers van een woning het uitdrukt.
In de ModeNatie zullen niet alleen de gebruikers van het gebouw goed kunnen functioneren, maar zal ook de stad in het gebouw goed functioneren.

Van Hee's architectural language has always followed a path of its own, having little affinity with the neo-modern tendencies of modern Flemish architecture, and the ModeNatie atrium is evidence of the architect's determined individuality. While half the architectural world tries to make a glazed roof as light, thin and invisible as possible, Van Hee aims for exactly the opposite: a strong grid of bars arranged with subtle irregularity. Her preference for using durable materials is expressed in the warm glow of the massive merbau timber panelling of the steps and walls in this atrium. The stairway itself, with mezzanine floors, viewing areas, narrow parts and passages, is designed with typical brilliance, emphasizing the extremely three-dimensional approach of Van Hee's architecture and undoubtedly deriving from southern mountain routes and upward-climbing paths.

The architecture of the ModeNatie building avoids showy effects but is far from unremarkable. Van Hee's avowed language of design observes the principle that 'your house helps you to function well', as one of her clients has said.
The ModeNatie suggests that the people who work in it are to function as well as the city in which the building stands.

Kristiaan Borret

Kristiaan Borret

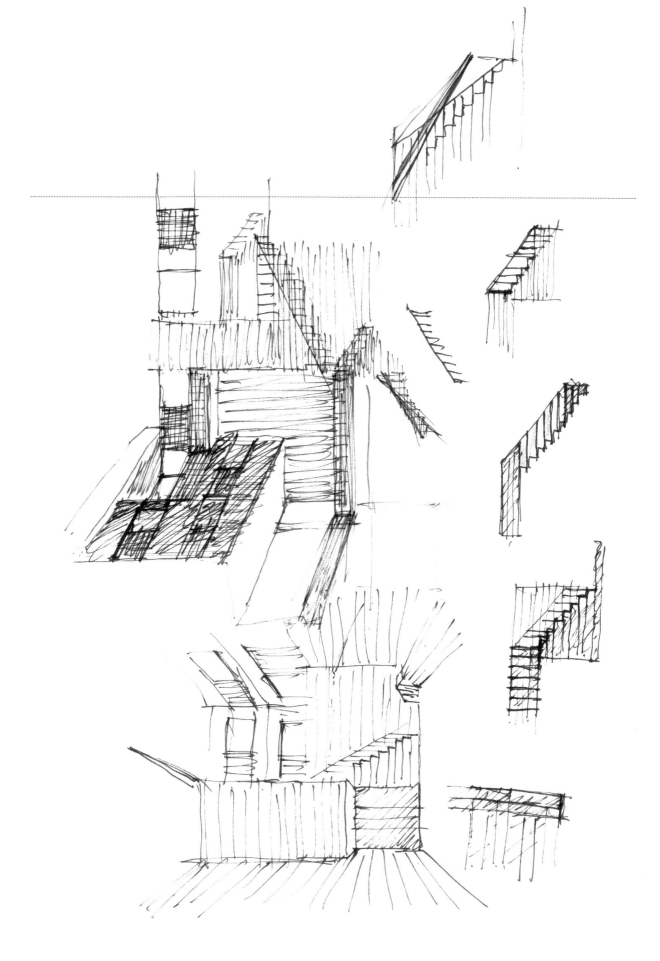

172

Hotel Central (1894-1908)

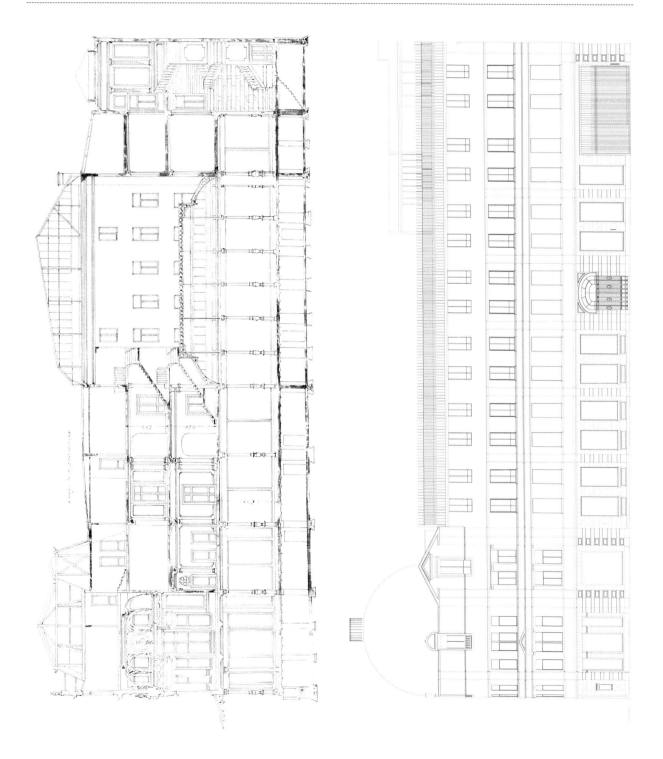

Hotel Central (1894-1908)

L'Escaut, Antwerpse Electriciteitsmaatschappij (1919-1960)
L'Escaut, Antwerp Electricity Company (1919-1960)

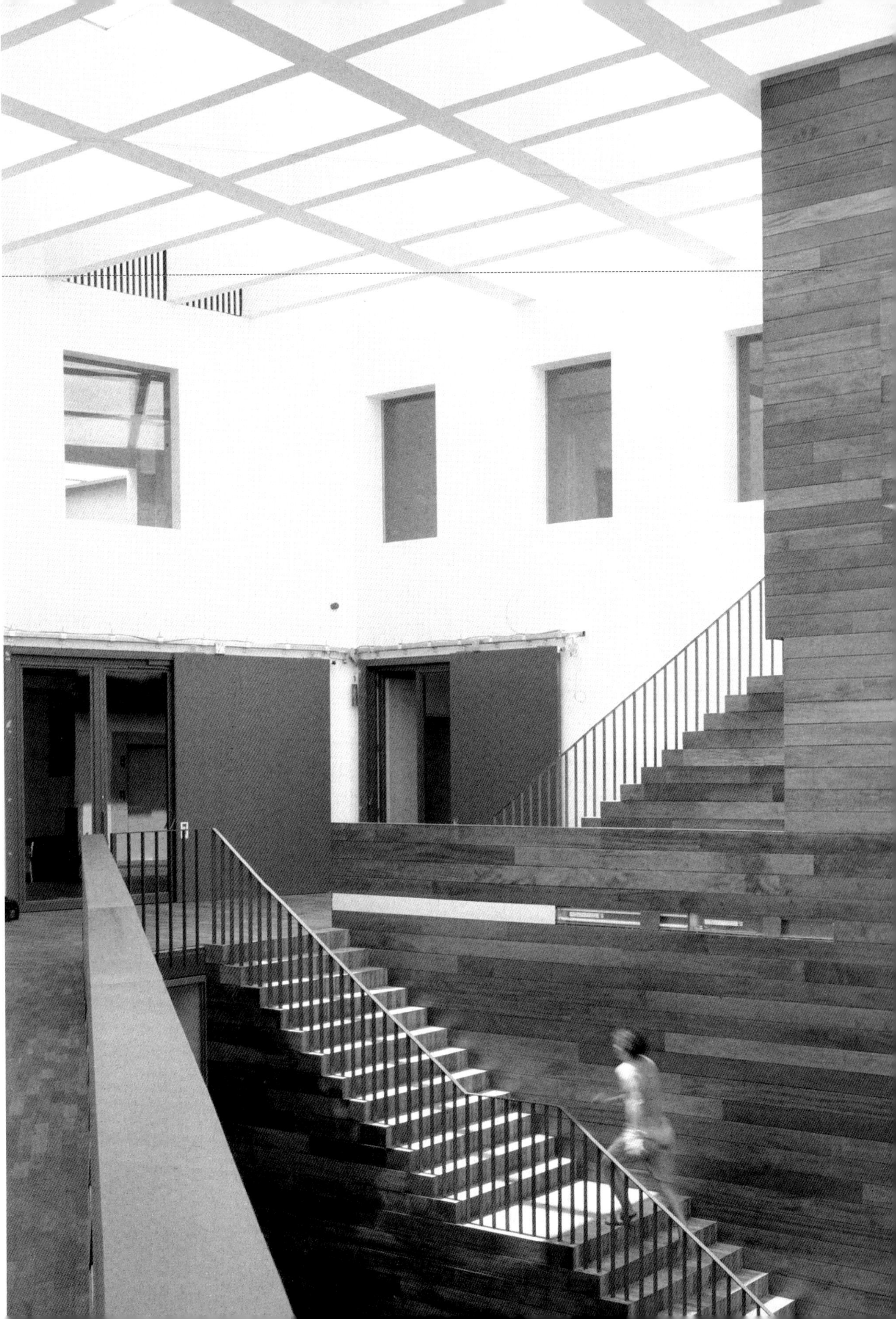

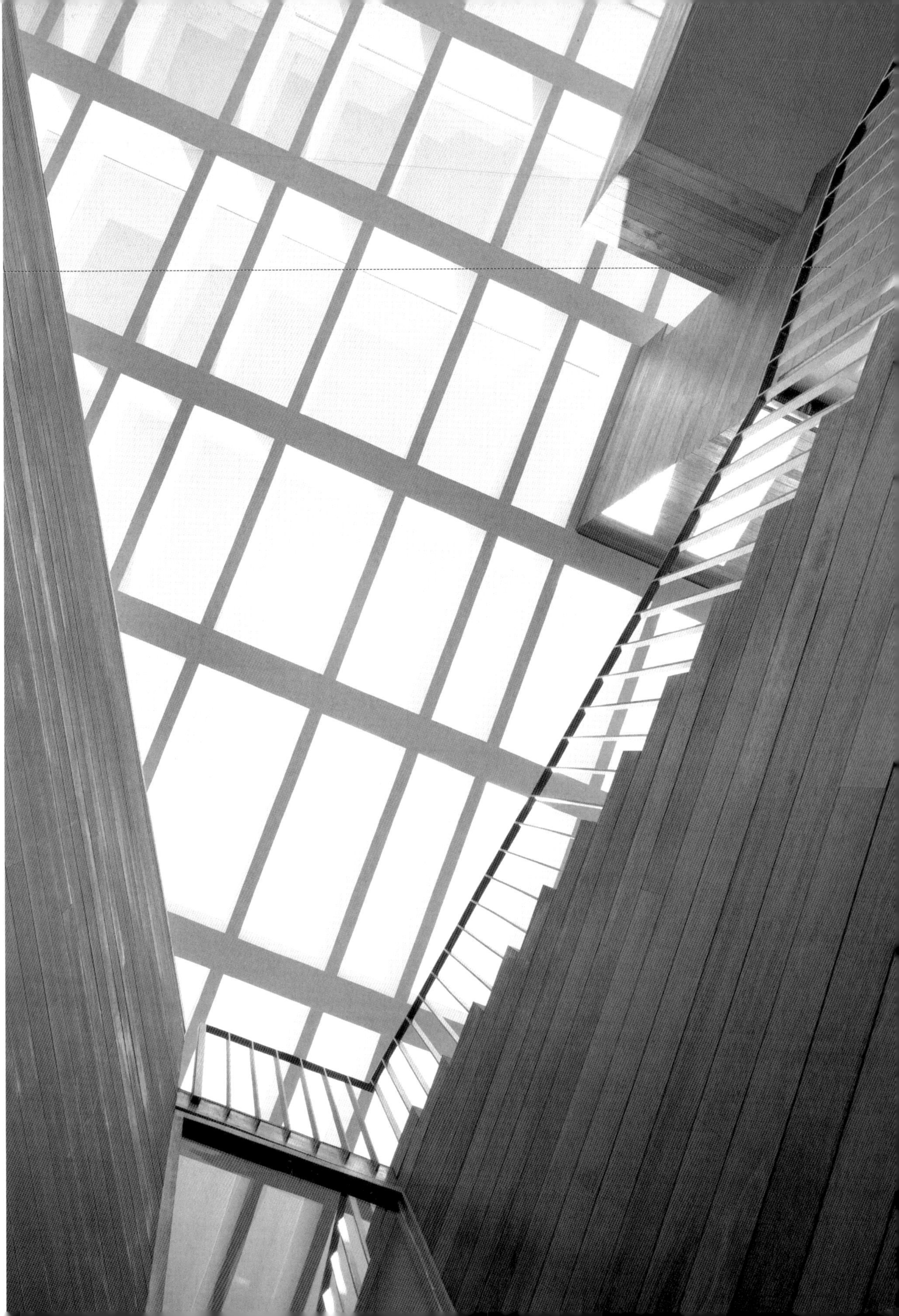

Colofon

Colophon

TENTOONSTELLING

De tentoonstelling werd ingericht door de
Bestendige Deputatie van de Provincieraad van Antwerpen

Directie **Provinciebestuur Antwerpen**
Provinciegouverneur **Camille Paulus**
Provinciegriffier **Danny Toelen**
Bestendig Afgevaardigde **Ludo Helsen**
Bestendig Afgevaardigde **Jos Geuens**
Bestendig Afgevaardigde **Frank Geudens**
Bestendig Afgevaardigde **Martine De Graef**
Bestendig Afgevaardigde **Marc Wellens**
Bestendig Afgevaardigde **Corry Masson**

Diensthoofd Culturele Instellingen **Dirk Berkvens**

SELECTIE 1 |
BACKSTAGE | ACHTER DE SCHERMEN | LES COULISSES

Intendant **Linda Loppa**

Conservator **Frieda Sorber**

Gastcurator **Bob Verhelst**

Tentoonstellingsbeleid **Kaat Debo**

Pers en Promotie **Helga Geudens**

Educatieve Werking **Frieda De Booser**

Restauratie **Erwina Sleutel - Ellen Machiels**

Scenografie **Bob Verhelst**

Video **All Video** (studio en faciliteiten)

Poppen **Acb Displays International** - Antwerp crafted busts

Replica's **Elke Hoste - Trois-Quarts**

AMBIMORPHOUS

Curator **Hussein Chalayan**

Film **Marcus Tomlinson**

Productie **Annika McVeigh - Jan Michiels - Kaat Debo**

EXHIBITION

The exhibition was organised by the
Executive Board of the Council of the Province of Antwerp

Board **Provinciebestuur Antwerpen**
Provincial Governor **Camille Paulus**
Provincial Recorder **Danny Toelen**
Deputy **Ludo Helsen**
Deputy **Jos Geuens**
Deputy **Frank Geudens**
Deputy **Martine De Graef**
Deputy **Marc Wellens**
Deputy **Corry Masson**

Head of Cultural Service **Dirk Berkvens**

SELECTION 1 |
BACKSTAGE | ACHTER DE SCHERMEN | LES COULISSES

Chief Curator **Linda Loppa**

Curator **Frieda Sorber**

Guest Curator **Bob Verhelst**

Exhibitions Officer **Kaat Debo**

Press and Promotion **Helga Geudens**

Education Officer **Frieda De Booser**

Restoration **Erwina Sleutel - Ellen Machiels**

Scenography **Bob Verhelst**

Video **All Video** (studio and facilities)

Dummies **Acb Displays International** - Antwerp crafted busts

Replicas **Elke Hoste - Trois-Quarts**

AMBIMORPHOUS

Curator **Hussein Chalayan**

Film **Marcus Tomlinson**

Production **Annika McVeigh - Jan Michiels - Kaat Debo**

192

MET DANK AAN

Provinciebestuur Antwerpen

Het MoMu-team

Hussein Chalayan, Thimo te Duits, Judith Clark,
Claire Wilcox, Valerie Steele, Sylvie Richoux,
Agnes Goyvaerts, Dirk Lauwaert, Kristiaan Borret

CATALOGUS

Concept **Bob Verhelst**

Samenstelling **Kaat Debo**

Vormgeving **Paul Boudens**

Uitgever **Ludion**, Gent

Druk **Die Keure**, Brugge

Eindredactie **Ann Jooris**

Vertalingen **Irene Smets**

Oplage 2000 ex.

MoMu
Nationalestraat 28
B-2000 Antwerpen
T+32-(0)3-470.27.70
info@momu.be
www.momu.be

ISBN 90-5544-423-5
D/2002/6328/35

WITH THANKS TO

The Provinciebestuur Antwerpen

The MoMu team

Hussein Chalayan, Thimo te Duits, Judith Clark,
Claire Wilcox, Valerie Steele, Sylvie Richoux,
Agnes Goyvaerts, Dirk Lauwaert, Kristiaan Borret

CATALOGUE

Concept **Bob Verhelst**

Composition **Kaat Debo**

Design **Paul Boudens**

Publisher **Ludion**, Ghent

Printing **Die Keure**, Bruges

Translator **Andrea Bell** in association with
First Edition Translations Ltd, Cambridge, UK;
Mari Shields (Dirk Lauwaert)
Frieda Sorber (captions)

Impression 2000 copies

MoMu
Nationalestraat 28
B-2000 Antwerp
T+32-(0)3-470.27.70
info@momu.be
www.momu.be

ISBN 90-5544-423-5
D/2002/6328/35